Tripoli
(Trâblous)
LEBANON
BEIRUT
Haifa
ISRAEL
GAZA
Irbid
Ma'an

聖《サン》シメオンの木《みみ》菟《ずく》

シリア・レバノン紀行

〈新版〉

井上輝夫

ミッドナイト・プレス

回教寺院のシャンデリアを見上げる。

聖シメオンの遺跡、荒涼とした大地に蒼空と疾風がめぐる。

古いアラブの家の中庭
ダマスカスのある土産もの屋である。

ダマスカスのバザー（スーク）の賑わい。

オマイヤッド寺院の静かな夕暮。

目次

Ⅱ　ベイルート夜話　105

聖《サン》シメオンの木菟《みみずく》

序にかえて

「獅子の首」の野の花

いつとも知れず、遠く西暦前のある日のことのように思われる。どことも定かではないある荒涼とした地方が髣髴と浮び上ってくる。朝方の太陽の瑞々しい光線が地平線上に淡い一滴の朱を落したように拡がった。曙であった。高く切りたった幾つもの台地と岩山とが長い鋭角的な影を伸して行った。仄かに赤味をおびた砂漠の上に、冷たく凜と澄みとおった天空が限りなく虚無の青いひろがりとなっていた。広大な小石まじりの砂原には、所々、痩せた灌木のまばらな茂みが散見されたが、矢のように尖った枝々が緑色の葉を芽吹くことはついぞなかった。どこからともなく朝風が吹きよせると、すでに昼の熱気を孕みはじめた風に、その細い枝は身震いするように鳴った。見渡すかぎり、岩山、砂、太陽、空と、無機物が傲然と情容赦もなく支配して、時たま動くものといえば、蛇、蠍の類である。

そして、天空に、小動物の屍を襲う禿鷹の群が不気味に舞っているだけであった。というのも、一年の半分は強い熱風が炎のように吹き荒れ、岩山、砂、生物を舐めつくし干上らせ、砂塵を高く舞いあげて、天地を暗く灰褐色に曇らせてしまうからであった。

また、逆に晴れた日の夜には、信じがたいほどの硬質な静寂がみなぎり、瞬くこともない星座の光が数千の宝石をばらまいたように煌いていた。赤味がかった星、強い光を放つ蒼い星、それらは古代の死者たちの霊魂を夢想させた。けれど、この荘厳で神話的な夜、星々はむしろ不毛の地の勲章ではなかったろうか。渇きを癒し喉を潤す水も流れず、耕すべき沃土も、心を和げる春の訪れとてもないそこに、住む人々はなかった。歴史と記憶のどの頁《ページ》をたぐってみても、この荒蕪の地にいまだかつて聚落が存在したことはなかったようだ。以前から、人々の街は西方の青い湖水周辺の丘に高い城壁をめぐらしていた。

しかし、耕す土地も、定着すべき白い石壁の家をも持たない種類の人々がこの砂漠を時おり横切っていった。隊商と遊牧民族である。隊商の群は、駱駝の背に宝石、金銀細工、象牙、絹などを満載して、東方の雪を戴いた山脈を縫って下ってきた。ふいに姿を現わし、襲いかかる盗賊の群から身を隠しつつ、その黙々たる旅の行列は砂原を通過した。そして、今ひとつ、少数の羊を飼った遊牧民族が街の郊外の丘に姿を現わすことがあった。この附近には地下道が掘られ、井戸があったからである。

そんな時、頭から足首まで黒布をかぶった女たちが地下道の井戸から革袋に清水を汲み、天幕の日陰に吊す姿が眺められた。かれらは時々街の城門附近で毛皮を売って、塩を買い、またどこへ行くともなく立ち去った。

それはいつの時代、いつの頃であったろうか。明瞭ではない。しかし、西方の湖水周辺の城壁にかこまれた街々に、数知れない自称預言者が喜劇を演じた時代であった。ある者は民衆を前に、天空が八方に裂け、星辰が巨大な火炎となって街の上に落ちると大言壮語したり、ある者は真顔に涙をたたえて、世の終末と女救世主の再来を告げ、吟遊詩人の歌を歌った。が、浮屠《ふと》ともいえる薄汚ない預言者の中には怪しい者もまじっていた。異形の苦行者をよそおい、東方風に石灰を素肌に塗りたくり、街角で断食を続ける者、また、中には遠方で子供を誘拐したあげく手足を斬り落し、眼をくり抜いて見世物とし、憐愍《れんびん》の銭を乞う残酷な者もいた。一方、民衆は城塞の中で数百年来同じように単調な生活を、保守的に辛抱強く続けていた。一言でいえば、歴史書の頁《ページ》をひもとけば、どこにも見出しうるごくありふれた時代のことであった。

そうした時、一人の青年が隊商の群にまじって、東方の山脈から谷間づたいに、西方の街へ遊学に向っていた。連山の頂には花嫁の頭布のような白雪が輝き、広大な砂の海は涯知れぬ墓場のように見えた。この長い旅路の間に、朝な夕なに残酷なほど暑い太陽を見、不吉な禿鷹の輪舞を見、野晒しの乾いた白骨を見た。おそらく、この時ほど青年の胸に死が奇怪な実感をともなって迫ってきたことはついぞなかった。そして、旅路のあいだに聞いたある噂話はなぜか青年の心の素朴な弦を震えさせた。常日頃、旅なれ、砂漠の気象や星辰の運行を知りつくしている隊商仲間は皆太い神経を持っているにもかかわらず、その噂話には背筋を逆撫でされるような気味の悪さを覚えずにいられなかったのだった。

その噂というのは仲間の幾人かが砂漠を横切る途中で、「獅子の首」と呼ばれる岩山附近に達した時、ふと目にした光景にまつわるものであった。ある夕暮、耐えがたい炎熱をもたらした太陽がようやく地平線の彼方に没しかけた頃、斜光が人の顔や白い衣、断崖、岩々、西空を燃え上らんばかりの赤銅色に染め、東方に淡い藍色が拡がりはじめた安堵の時刻だった。かれらが夜営地から、ふと附近の岩棚の方へ登って行った時、反対側の台地の方角から、ハイエナとも猛鳥の声ともことなった荒布を一気呵成に裂いたような叫び声を聞いたのであった。一瞬、うろたえたかれらが声のした方角に眼を転じた刹那、燃え上る炎のような夕陽を背に、一人の男の影を目撃したのだった。

台地の切り立った崖の縁を、背の高い男が首を前方に出し、幼児のようによたよたと歩いていた。今にも四つん這いに前へと崩折れてしまいそうなその男は、乱れた頭髪を肩まで長々とたらし、襤褸《ぼろ》をまとい、素足で砂を蹴とばすようにして歩む姿が望見された。初め隊商の者たちは砂漠に自分ら以外の人間がいようとは信じられず、餓死寸前の者なら助けに行かねばならないと思った。けれど、かれらは足を踏み出そうにも、妙な圧迫感から動けなかった。むしろ、反対に、その男の周囲には救助を冷たく拒絶するような固い城塞が張りめぐらされているかに見え、躊躇と畏怖にとらわれたかれらはその場に立ちつくしたままだった。そして心のうちで、「非人だ！」と呟く声を抑えることができなかった。

しばらくの間、赤茶けた台地の上を、彷徨《さまよ》い続けていたその男がくるりと後姿を見せ、夜の闇に帰ろうとするかのように岩の背後に消えようとした時、かれら隊商の者たちはふたたびさきほど耳にした声を聞いたのだった。それは砂漠に迷った人の餓死寸前の声ではなかった。むしろ、叫び声とも慟哭の声ともことなり、獣の咆吼に近かった。声はあたりの静寂を裂いた。男の喉を借りて、砂漠の砂が長年の固い沈黙を破って一挙に叫んだとでも形容したい響きだった。突然、前かがみであった男が天を仰ぐように頭をもたげて叫んだ声は、底深く、攻撃的で、恐怖にみちた空気の震動だった。かれら隊商の男たちはひととき悪い夢に落ちこんだような気持に蒼白となって、一目散に夜営地の方へ逃げ帰った。これがその話の粗描である。

このことが大仰に噂となって拡がってから、青年とともに旅している隊商の男がある日ふとしたはずみで重い口を開き訥々と、次のような光景を見たという話を始めた。

「禿鷹が数羽巨大な翼を拡げて輪をかいている姿に出会うのは厭なものだ。限りもなく深い青空に黒い不潔な染みが拡がるようでもあるし、大方、その不吉な鳥たちが舞う輪の下には、哀れな死が匂っているからだ。小動物や、時には病気で死んだ人間の死骸が、かわいて白骨になってしまう前の、顔をそむけたくなるような醜い腐乱を曝しているのが普通だ。その日も台地と岩山との間、深く数千尺もえぐられた涸れ谷《ワジ》の上空に、そう、たしかに「獅子の首」附近だったが、鳥どもの醜く黒い姿が望見された。ただ何の気もなしに、台地の崖ふちまで歩みよって、下方を覗くと、案の定、小動物の屍らしい餌物を中心に五、六羽の死の鳥どもが首を伸し、ひしめき合っていた。多分、哀れな犠牲者の内臓をついばんでいるに違いない。死者の魂を食い荒らすとは何たる厭な鳥どもか、と思わず一人ごちて立ち去ろうとした時、鳥の群のなかに、奇妙に動くものを見つけたのだ。どう考えても信じられないが、よく目をこらしてみるとそれは人間であった。たしかに生きた人間の姿だった。距離が充分見きわめることをさまたげ、はっきりした自信もないが、長く乱れた髪をした、妙に骨張った男が、禿鷹の群にまじり、手づかみで腐肉を食らっている様子だった。四つん這いになったその姿はあの非人だった。この光景を長いあいだ本当だとは信じきれないまま、今日まで打ち明けるのが憚られたのだ。」と男は口をぬぐうようにして、語り終った。

　そばで聞いていた人々は、昔、洞窟に身をかくして修行する多くの預言者のいたことを想いだしていた。けれど、噂の男はむしろ畏敬より強い嫌悪を抱かせた。西方の街で何か重罪でも犯し岩山に隠れ住むようになったのではないか、あるいは、疑いなく気違いかも知れない、と隊商の者たちはその男の出現を歓迎しなかった。けれど旅の青年だけはいくぶん感傷的な関心を抱いた。彼とて預言者を予想したのではなかったが、それにしてもその男の姿には、何か人の気をひくものが感じられたからだった。素朴な愛情を人生に抱き、その甘美さにひたっている青年にとって、噂の男は野茨のように胸を刺した。とはいえ、人々の脳裡にこの噂が長い間とどまっていたわけではなかった。荒涼たる砂漠の地平に、灰色と褐色の岩山が一群の怪異な姿を現わすまで、青年もまたその男の噂をすっかり忘れていたというのが真相だった。隊商の行列は夜を旅したり、昼を横切ったりして、ある時、「獅子の首」と呼ばれる附近に久方の日陰を見出したのであった。

青年は周囲の岩山と台地とが織りなす荒々しい奇景にひかれて、わずかの水と腰に短剣をさし、夕暮の光の中を散策に出発した。長年の風化のため、大地は天に向って数知れぬ刃をむけたような形となり、夕陽の黄金の照りかえしが、その刃に血の痕さながらに輝いていた。そして、岩山の塊は巨大な獅子が蹲る恰好をし、自然の手が荒々しい斧をふるったかのようだった。その姿を見た途端、青年は記憶の底から例の男の話を想い起したのだったが、実際、この荒れた岩山を遠くから見た瞬間から、どこかでその男との出会いを願っていたのかも知れなかった。崩れやすい石がころがっている斜面を登って行くと、台地は突然とぎれ、隊商の男が話していたように、断崖となり、下方の涸れ谷《ワジ》はすでに薄闇に閉ざされようとしていた。また、反対側の岩山は白い斑をもち、ただ垂直に頂から涸れ谷《ワジ》に落ちていた。わずかに岩々にへばりついたような貧弱な茂みが文字通りたち枯れているだけだった。この風光が無言の神秘的な威圧感でのしかかって来たので、青年は賛嘆というよりも、むしろ、おののきに近い感情に硬く緊張し、しばらくの間、茫然と立ちすくんでいた。すると、いつの間にか風が強く吹き始め、その岩山全体の沈黙が一層不羈《ふき》のものに見えて、青年はおのれの不思議な矮小さに一寸した苛立ちのような気持を味わった。と、ふいに、彼の視野の上方をさえぎって、ゆっくり横切ったものがある。見上げると一羽の禿鷹であった。死の影を追う巨大な鳥の飛翔であった。思わず彼が短剣の柄を握りしめた時、どこかごく近い岩陰から、弱々しい呻き声が風に途切れながら、聞えて来たのだった。

　彼は周囲を見渡した。息苦しい感情が胸一杯に拡がるのを感じつつ、喰いいるように風化した岩々を一つ一つ眺めた。すると、青年のいる岩棚の左手から嶮しい傾斜に移行する場所に、一寸した岩襞が洞《ほら》をつくっていた。そしてか細い呻き声はどうやらそこから洩れ漂ってくるのに間もなく彼は気づいたのだった。青年はなぜそれを瀕死の小動物の呻吟と捨ておかず、直観的に声の主が噂の男、非人の男だと知ったのだろう。ほとんど数秒も要せず、「あの男の他に誰がこの荒涼と灰褐色にかわいた岩山で生きる気持になりえよう。春の香りを放つ瑞々しい野の花もなく、生命が露一滴のようにあやうく、岩々の姿が無言の棺、無言の墓標とさえ思われる土地に一体誰がとどまりえよう。」とひとりごちたのだった。

青年は頭上に舞う巨大な翼を拡げた禿鷹を気にしつつ、岩棚のもろい足元を注意深く、洞の方へ一歩一歩近づいて行った。そして、ついに暗い洞の内部を覗いた。それは聖者の洞にあるはずの祭壇も祈禱書もなく、ただ痩せ細った一人の男が背を岩にゆだね、両脚を長々と投げだして座っていた。頭は首から折れたように横へ直角に傾き、乱れた長い髪はほこりに汚れ、不快な浮屠の臭気を放っていた。顔の表情はといえば青年が洞の入口に立った時も瞼を閉じたままで、乾き黄色味を帯びた皮膚が骨格に貼りついているといった具合だった。わずかに襤褸一枚をまとった男は、噂話に語られた猛々しい印象もなく、明らかに重い病いに悩んでいるらしく喘いでいた。青年は瞠った。予期しない情景が強い衝撃となって心のなかの何かを破った。青年は期待の中で叡智の人の夢をみていたのではなかったか。そうして次の瞬間、彼はこの男を見捨てるわけに行かない、と、夜が次第に足早に近づく気配を感じながら呟いて、男の方へ彼はさらに近づいて行った。熱にうなされているらしい男は時々呟いていた。内部の世界に彷徨っているかのように……。

「熱がひどいのですか、水が欲しいのですか。」

男は青年の言葉に薄く眸を開いて、青年の姿を求めて焦点の定まらぬ視線を左右に動かした。眸は生命の輝きを失っていた。病いと疲労に濃く隈どられた白眼は濁っていた。彼は青年に答えるように軽く首で肯いたが、まるで深い夢にとらわれているかのように挙動は子供じみていた。青年は腰から小さな革袋を取り出し、携えてきた木屑のような薬を、手の平のうえで水とまぜあわせ、男のなかば開いた口に流しこんだ。かさかさとめくれた唇は異様に熱く、岩山と砂漠を支配する太陽が彼の躰の内部に留まってしまったかのようであった。青年はさきの禿鷹の姿を想い出していた。あの鳥はすでにこの男の明日を鋭敏に予知しているに違いなかった。

男は薬がきいたのか暫くの間眠りに落ちてゆくようにみえた。砂漠の夜が徐々に近づき、蠍の這う音すら聞きとれそうな静寂が岩山をつつみ、いつの間にか月が皎《しろ》く昇っていた。青年は彼を看護して夜を明そうと心を決めていた。岩襞の洞に射す月明りが男の顔を照らした。痩せこけた頬は鬚でおおわれ、眼の周囲は無惨に落ちくぼんでいた。しかし、眠りの表情の下に、粗野な非人、迷妄に陥った狂気の人の容貌は見られず、むしろ、何かしら痛ましく、皮肉な翳りが残っていた。とりわけ、彼を驚かせたのは鼻孔と唇の間に張りつめた絹の絲のような神経を感じさせる皺だった。長い沈黙の時がすぎ、時々息苦しそうな呼吸があった。月は徐々にその間にも宙天高く舞い上って、皎い輝きは岩山に薄い銀箔をふりかけたように飛び散り、砂原はふと一面に雪が積ったとみまちがうほど蒼く照らされていた。そうして、それにつれて男は徐々に弱って行くように見えた。死の影が熱っぽくオルギアの宴を開いて、男の躰を喰いちらかすように見えた。そして、男はわずかに身をよじったかと思うと、眼を虚ろに開き、ほとんど独語するように呟いた。「なぜ今なお私の唇は語ろうとするのか。生と死の境界、忘却の河の岸辺にすでに立ちのぞんでいる私が。野の花は華麗に咲き誇っているではないか。ここに、あそこに小さな千の心臓のように、野の花がいきいきと咲いているではないか。」

青年は最初この言葉をたわ言と思った。しかし、男ははじめて眼前の薄明りの中に立っている青年の方へ視線を向けていた。眼差しは熱病そのもののように熱いとも、長剣の刃のように冷たいとも形容できた。

「実はあなたが私の救いなのか、それとも破綻なのか考えていたのだ。あなたは旅の人だ、神ではない。あなたが現われた以上、私は言葉を使わねばならない。人間の言葉は私を怖れさせる。人間の言葉を使うのは捨てたはずだったのだ。なぜ、今、私は語るのか。言葉はすでに最も無実なものを裏切ろうとして、蠍の毒のようによく廻る。いや、あなたが神であったら、私は救われないのかも知れない。おそらく、明日夜が明けはなつころ、私は死ぬのだろう。一滴の水のように、私の血はこの荒れた砂漠の砂に吸いこまれ、蒸発し、消えつきるだろう。まるで私自身が養い続けてきた砂漠の中で、砂粒になるように。あなたは禿鷹が私の頭上に死の王冠のようによってくる光景を見たはずだ。あれは私の仲間だった。あれも私も何者かの死によってみずからを養ってきたのだ。何を養ったのか、一体何を！　あなたは信じるだろうか。私は野の花を見たいと願い続けてきたと云ったら。無実な沈黙の花を。」

青年は彼の言葉を充分に理解できなかった。男は背を岩肌にもたれて、大きく息をした。そして、彼はまた長いあいだ沈黙した。洞の中で二人を結びつけている絆の意味を知ることなく、かれらは月光の下で座った二箇の影のようだった。

「なぜ」と男はふたたび口を開いた。「なぜ、私が丘の上に城壁でかこまれた街を捨てて、十数年の歳月をこの砂漠で送ったか、あなたは知りたいのだろうか。私が妻を捨て、友を捨て、街を捨てたのは、偉大な預言者のように神の声を聞いたためではない。もし、神の美しい声に導かれたのだったら、小鳥が森に帰るように楽しかったろうに。そうではなかった。断じてそうではない。城壁のある私の街で、すでに私は砂漠にいた。魂はざらざらに渇き、無一文であり、同時に死の方へ希望もなしに歩もうとしていたのだ。ただ狂気があった。私の魂は邪悪な否認の狂気に冷たく燃え、人間というものをただ盲目的に呪って、その儚さと不完全な姿を打ち殺してしまいたかったのだ。そうして私は本当の砂漠へ脱れた。それでも私は己を救おうと願っていたのだろうか。この土地で、私は禿鷹に等しい者に落ちた。私の皮膚は砂のようにひからび、喉は恐ろしい叫びを発した。ただ、ひそかな慰めは野の花が風になびき、細い茎と花弁をふるわせているのが見えることだ！　いやもう少しで見える。否々、見えているのだ。」

男はこう語り終るやいなや、病身とはとても信じられない敏捷さで、岩の洞の中で立ち上った。青年は怖れた。突如、ある名状しがたい熾烈な憤激が男の体内を巡り、あたかも別箇の生命が彼を駆りたてあやつるかに見えた。そうして出口の方へ進んだかと思うと、月光の下に痩軀を運び、青年の不安と動揺にみちた顔をふりかえりつつ、岩の一角を指さして叫んだ。

「見えるぞ、見えるぞ、愛らしい野の花が春風にゆれているのが、薄いまるで夕べの雲の一片のような花弁だ。雪花石膏《アラバスター》のような茎だ。沈黙した天使の後姿のように美しい花だ。花よ、花よ、私の魂をこの砂漠からつれ出しておくれ。消えてはならぬ、消えてはならぬ、私の魂を永遠の方へ誘ってくれ……。」

青年は彼の奇妙な言葉の力に引きずられて、男の指さした場所を見た。しかし、青年は岩肌が蒼い鱗のように月光にひえびえと照らされているのを見たにすぎなかった。

「見えるぞ、茜色の花弁が四枚、潤いと緑の光沢にみちた葉が三枚、無実の赤子の顔のように咲いている。君には何も見えないのか、おろかもの奴！」

青年はふたたび見た。何も見えなかった。

翌朝、太陽が地平線に朱の一滴を落す直前、冷え切った夜明けに男は息をひきとった。青年は禿鷹の舞う下で、気の狂っていた男を王族の亡骸のように丁重に葬ったのち、足早に岩山を降り、隊商の群へと帰って行った。

Ⅰ

聖《サン》シメオンの木菟《みみずく》——シリア紀行——

旅をするのが必ずしも好きというわけではない私にも、少年時代から、「予もいづれの年よりか、片雲の風に誘はれて、漂泊のおもひやまず」という余りにも有名な言葉が耳について離れない。この漠然たる旅へのいざないはそれ自身美しいものだ。新しい風物に接したり、何の目的もなく未知の街の暗い路地を亡命者のように歩いたり、また予期しない歓待にむかえられて王侯貴族の気分になったりする旅は市民社会に蠱惑的な自由のかおりを運びこむ怪しげな客人のものである。それはクヌルプの姿であり、時に心貧しい寄食者であったり、また時に誇り高く御しにくい自由の民でもあろう。

けれど、旅は前もって完全に計画された時には旅でなくなってしまうだろうし、心を杖とし、心の山野をもまた歩むことがなければ旅が啓示となることもないだろう。どのようにジェット旅客機という文明の利器にのろうと、私の旅はいつも西国巡礼のそれに似ており、明日という未来を怖れつつその怖れを踏破してゆく小さな覚悟とともに進行してゆく。だから旅はまた怖ろしいものでもある。不帰の旅人として、異国の土地に血の一滴となって倒れることもあろう。そこに萩の原があるとは限らない。だからこそ、見知らぬ宿の一部屋へ扉をあけて入って行く時、厳しい瞬間がとりかこみ、人間は常に異邦にいるという古代人の信仰が現前するのだ。そんな風にベッドや閉ざされた窓が示している厳しい刹那を追体験するたびに、日常生活に狎《な》れようとする傾向を疑わしく思うのだ。いずれにもせよ、人はいつの日か暗い未知の彼方へ、それが味方なのか敵なのかさえ判らず、ただひとり立ち去ってゆかねばならないのだから。

想い出を喚起しようと白紙に向うと、一枚の芸術となった風景のように、見わたすかぎりひろがった荒々しいアラブの曠野がうかんでくる。その鮮やかな灰色の曠野は紅葉の美しい日本の秋を駆逐し、かわって、地平線上に宝石のように煌めいていた宵の明星がふたたび心のプラネタリウムに昇ってくる。三十年の平和に頽落した日本にかわって、憎悪の腥風《せいふう》がふきよどみ、戦雲をはらんだ大地がみえてくる。私がはげしい混乱とまた夢想にうながされて歩いた土地は第四次中東戦争の舞台となった所から遠いところではなかった。そこには不幸な民族が住み、苦悩する首都があり、私たちにとってもっとも遠いイスラム文化圏に属する国があった。

歴史的に中東との関係の深いヨーロッパ民族にとって、イスラム文化圏が新鮮な異国情緒をかきたてるとは思われない。現在のサウジ・アラビアに発したイスラムが黒い嵐のように北アフリカを席巻し、スペインにカリフを擁立した後、フランスのポワチエまで侵攻した歴史はよく知られていよう。そしてまた逆に植民地時代を通じて、西欧人は私たちと比較にならないほどアラブ民族と接触している。実際、十九世紀フランスの画家たちが、ドラクロワやフロマンタンをはじめとして、物珍らしい色彩にみちたアラブ風俗を好んで画題にしていることにも気づくだろう。

けれど、私たちは回教徒文化圏と直接の交渉をもたなかった数少ない民族で、私もまた特別の知識をもっていたわけではない。シリア・パレスチナというような地名は、『聖書』の巻末にのっている古代地図を前に、ガリラヤ湖、ヨルダン川などとともに幼く夢みた場所であるにすぎなかった。だが、初めて歩いたその大地はさらに信じがたい夢に酷似していたのだった。

一、ダマスカス到着

長かった滞仏生活三年と十ヶ月を終えて、花々が咲きみだれているニース空港から大鳥のようなボーイングにのりこんだのは八月の初旬だった。南フランスの透明な光が地中海を淡青に染め、ヴァール河ぞいの丘々の斜面には古代の槍のような絲杉と、乱れ髪のようなオリーヴの樹々が緑に燃えて、真夏が疑いもなく大地を支配していた。過去に没頭し、過去を生きたものと感じるために精神をすりへらしてきた私にとっては、ふとみる家々の褐色の屋根だとか、紫色をしたラヴェンダアの線香花火のような花が眩かった。トンネルから突然輝く草原にでた瞬間のように、その明るい光景に心和ぎ、まるで美の誘惑にさらされたかのようだった。古代ギリシャ人がコスモスと云う時、それが「美しきもの」を意味していたことが成程とうなずけるような楽園的な精神状態が感じられさえした。終末という黙示録的ヴィジョンにとりつかれた魂が、あいもかわらず美しく粧っている自然にであって、皮肉な驚きにとまどっているという具合であった。その上、親しくなった土地と人々とに別れ、ふたたび未知の国へ出発するという緊張が、のみすぎたコーヒーのように、私の神経を妙に落着かぬものとしていた。

ボーイングは放たれた矢のように雲ひとつない地中海上空に舞いあがると、イタリア半島にそって下り、その南端を横切ってアドリア海を一飛びし、ロードス島、キプロス島上空で高度一万メートルの夕焼けを背に負っていた。零下何十度という凍った成層圏に映える夕焼けは、レーザー光線をつかった前衛芸術のようであり、その茜色の空間は神々しい。実際、美の巨大な浪費を思わせるその境界では、もっとも素朴な天地創造の神秘感に圧倒されてしまうのだった。だから、東から迫ってくる夜のとばりの中を飛行してゆく時、永遠に地上に帰りたくないという鳥人の気持もわからないではなかった。窓外には、七色の光彩で飾られた焼絵ガラスの高層雲がおりかさなり、世界があたかも讃嘆と祈りのためにつくられた七堂伽藍であるかのような美的幻想にみちているのだった。そして、このような人間を超えた美を忘れ薬《ネパンテス》のように味わった者にとって、地上のどのような街も、惨めな汚濁の廃園でしかないだろう。だから人は清浄な美の楽園に憧れて、宇宙ににることをめざし、太陽の都をつくろうと試みて、ついには自然の戦慄的な美しさが私たちからあまりにも遠いものであるという嘆きに終ってしまうのであろう。

数刻後、「シートベルトをおしめ下さい。」とランプがともり、二百トンのボーイングは不器用な鳥のように翼をうちふりながら高度を下げはじめた。「天気良好。」と機長がアナウンスをして、フラップがせり出し、前につんのめるように車輪を下ろすと、闇にとっぷりとおおわれたベイルートに到着した。そこにはふたたび地上の夏があった。けれど今度は息がつまりそうな重い夏だ。窓から、イスラエル・アラブ紛争を予告しているような自動小銃を手にした警備兵の姿が見える。ふたたび蝮《まむし》の絡みあいのような人間の利害と感情とが癒しようもなく対立した地上の国なのだ。

大多数の乗客が降りてゆくあいだ、機内に残されていた私たちは遠くベイルートの光を眺めていた。点々と続く中東第一の商都の輝きをなかば好奇心から、またなかば畏怖から私は眺めていた。というのも、現代の都市が魂の処理工場のように見え、その無神論者的な環境が私には人間の墓地のように思われたからだった。いわばナルシス的な環境で、生ける屍となった多くの亡霊たちの惨めな姿をロンドンでもパリでも見ていたからだった。

大部分が空席となった機内が急に暗く寂しくなって、行く先がいかにも辺鄙であることをはやくも告げていた。残った者といえばシリアへ帰省する学生たちが主で、ニース大学でシャルル・ペギーについて博士論文を書いた知り合いの顔も見えた。たしかに行く先は、世界最古の歴史をもちながら、第二次世界大戦まで眠りつづけた、俗にいう開発途上国である。八百年のオスマン・トルコの支配をようやく脱出した時には、西欧列強による分割政策をこうむり、独立後にはイスラエルとの紛争と苦難がつきることのない国である。そんな国へまばらとなった客をのせて、ボーイングはふたたび夜空に駆けのぼり、大きく反転して山脈を越えてゆく。

暗い眼下にはすでに西欧人のいう東洋《オリエント》が拡がっているはずで、レバノンとシリアを分ける国境線の山脈はかつて十九世紀中葉フローベルとマクシム・デュ・カンが群盗を怖れつつ馬で越えた所でもある。いやかれらばかりがオリエントに惹かれたわけではない。シャトーブリアン、ラマルチーヌ、G・ド・ネルヴァルの場合はよく知られていよう。浪漫主義の一つの源泉である東洋趣味はただたんに旅行熱の爆発的流行ばかりが原因ではなく、カトリックの権威が次々の革命で傷ついた時代に、詩人たちが宗教の原型をたしかめたいという願いをもっていたためであろう。そこには異国趣味や砂漠への憧憬もあったに相違ないが、フランス社会が産業化してゆくうちに芸術家が居場所を失っていったこととも無縁ではないだろう。さもなければサン・シモン主義者たちが女救世主をもとめて、エジプトに向って出立したなどという突飛な行動は理解しにくいのではないだろうか。そして、私はこの詩人たちにふかい同情を寄せていた。

　こうした文学上の興味も私の関心をひいていたし、中東紛争によって苦悩をふかめながら、あまり知られることのないアラブ民衆の生活を実際に自分の眼で見たいとも思っていた。けれど、そうは願っていても、アレッポ出身の妻の実家に帰郷するという機会がなかったら、果してシリアへ旅行する気になったかどうか疑問ではあった。やがてベイルートから約一時間の夜間飛行の後、かつてのフランス保護領シリアの首都ダマスカスに降りたったのだった。思いがけない清涼な夜風と、空港内の人いきれでむっとする熱気が私たちをむかえた。あちこちのアラブ文字や、空港の税関にむらがる色の浅黒い男たちが、はやくもそこが全く別種の文化圏であることを告げていた。しかも国際空港とはいえ、一地方空港のような佗しさが新来の旅行者には感じられるのだった。

　夜おそい税関になんの秩序もなく順番を待っている群衆は、特有な大きな眸をぎょろつかせ、疲れた表情をたたえていた。頭から足元まで白い布をすっぽりかぶった回教の男たちである。空港という現代の機能主義的な環境で見るその回教徒たちの風俗は、シュールレアリスムでいうデペイズマンをまのあたりにしたかのようで、私は驚き以上の衝撃をうけたのだった。かつてパリに到着した時も、石畳や古びた建物を見ながら十九世紀の首都へ引きもどされたような気がしたものだったが、ダマスカスではさらに深い過去へタイム・トンネルではじきだされた印象だった。地理的な旅というより、時間の旅といった方が適切かも知れない。ヨーロッパから四千キロを飛行したというだけではなく、さらに一世紀をさかのぼったかのようで、私のデペイズマンは大きかった。そのうえ、首都空港の外観がまがりなりにもその国の生活水準を告げているとすれば、沢山の手荷物をもって右往左往する群衆もふくめて、惨めではないがそこは貧しく思われた。

こうした印象は空港からタクシーにのり、街灯のない真暗な道路を走ってゆくにつれて、さらに確かなものとなっていった。タクシーのラジオが流しているアラブ民族の宿命観をおもわせる哀愁にみちた歌に耳をかたむけながら、私は反射的に拒否反応ににた憂鬱にとらわれはじめていた。フランス滞在中に知ったアラブ系の友人たちの顔を一人一人よびおこし、風にふかれながら、道路の両側にあらわれはじめた粗末な土塀や石の家を茫然と眺めていた。たしかに私は少々失望していた。「ダマスカスは美しい街だ。」と彼等の一人が語っていたお国自慢もそれこそ蜃気楼のように消えて、来なければよかったという悔恨ににたものが胸を刺し、時として旅が残酷な姿をしていることをその瞬間はじめて理解したのだった。やがて、ダマスカスでは第一級だというホテルに着いたのはすでに真夜中だった。空港に出迎えてくれていた妻の両親と二年ぶりの再会を祝した後、冷房の利きすぎた部屋で私は倒れこむように深い眠りに落ちていった。

翌朝、四十度を突破する灼熱の太陽に容赦なく発《あば》かれたダマスカスの市街は砂ぼこりにまみれた石の褐色の堆積だった。西欧の美しい街々を見なれた者の眼には、一国の首都というにはあまりに雑然とし、醜いと云っても過言ではないだろう。いや私とて、そこに一つの完成された文明の姿をとどめている西欧の街々を比較の対象として持ちだす愚かさを知らないわけではない。けれど怖ろしいことに、私の感受性がいつのまにか西洋的な秩序と調和を求めるようになっていたのだ。そして今、私は全く新しい文化圏にいるのだ。美事に配置されたチェスの駒が難局にぶつかり、次の局面へと組織されなおす時のような危い動揺が私の中に起ったのだった。

とりわけ今年は雨量が少なかったためか、建物も街路樹も一切が乾燥しきっている印象で、背後の灰色の禿山には緑の影すらも見られなかった。紙屑がちらかっているアスファルトの道がぎらぎらと光を反射し、狭苦しくたてこんだ石の建物も、ひょろとした貧相な街路樹も、あらゆる物が一滴の潤いを求めて、炎暑の下で喘いでいるようだった。しかも街路からは独特のガソリン臭が漂って来て、私は生理的な苦痛をさえ感じていた。そこはアジア的混沌を焼けつくような瓦礫の街に持ちこんだと形容できそうな現実の姿だった。ホテルの窓から見えるスリー・ダイヤモンドのネオンもいかにも場違いに佗しく見えた。

その上、私を一層驚かせたのは、まるで数世紀の時間が狂ったのではないかとさえ思われる、街路をゆく群衆の風俗だった。もちろん多くの洋装をした人々が歩いている。けれど、また数多くの男たちが白い長衣を纏い、頭に赤い円筒形の帽子だとか、輪をかぶっているかと思えば、女たちは黒いヴェールをすっぽりかぶったり、刺青をした顔に仮面舞踏会のマスクのようなものをつけているのだった。と思うと、こうした回教徒の雑踏のなかを、驢馬《ろば》にのった村人が、今にもとけだしてしまいそうなアスファルトの上を悠然と闊歩してゆくではないか。右に勇ましく警笛を鳴らしつつ、旧式のタクシーが突っこんでくる。左に最新型のアメリカ車が人波を分けてゆく。ともかく不調和なのである。ボンネットをはずし、冷却器をむきだしにした遠距離バスの狭い車内には、汗と埃まみれの人々が苦しそうに犇《ひしめ》きあっている。そして、それこそ玩具箱をひっくり返したような雑踏の中を痩せた少年たちがガムを売るために走ったり、ホテルの前で靴磨きをしたりしている。しばらくの間、私は呆気にとられてその混沌たる光景を見ていたが、次第にその街が日本が敗戦した直後の雰囲気とよくにているように思われてきた。ある意味では戦後日本が恥とし、捨てさろうとした貧しさと後進性のイメージがそこに全部あると云ってもよいだろう。だからそれは妙に懐しい光景でもあった。私とて孤児となり靴磨きになる可能性がなかったわけでもないのだから、外人しか泊れないようなホテルで高見の見物をしているのは不思議に辛いことだった。そして感傷的にも、何の縁もゆかりもないアラブの群衆を前に、「大変だな」と目頭が熱くなっていった。たしかに私のこの気持もシリアの人々にとっては身勝手な旅行者の感傷にすぎないだろう。だが、私はひしひしと良心を問われるような生々しい人間的な感動を味わっていたのだった。豊かな西欧での旅では、二、三の例外をのぞいてついぞ抱くことのなかった深い感動だった。富士川に捨子をみた芭蕉の感動とはまさにこうしたものではなかったかと私には思われるのだった。

西欧でえた例外的な経験の一つというのはニースからパリへ行く列車の中でのことだった。夏の終り、休暇を過した人々がそろそろ南仏から引きあげる季節だった。列車が、明るく赤い岩をしたエステレル山脈の地中海側を走って、マルセーユに着いた時、どっと乗りこんできた人々の中に五、六箇の荷物をたずさえた一見してアルジェリアの出稼ぎ労働者とおぼしき男がいた。ちょうど私の座っていたコンパートメントには一つの空席があったので、通りかかったその縮れ毛の労働者はそこに座りたい様子をありありと見せていた。けれど暗黙のうちにそれを察知したコンパートメントの乗客たちが硬い緊迫感をかもしだしたために、いくじのない男は『脂肪の塊』の娼婦のように人々の厳しい視線に釘づけとなったまま少しも動けず、とうとう後からきた小娘にみすみすその空席を取られてしまったのだった。その瞬間、その汗臭い出稼ぎ労働者の眼にただよった光を私は生涯忘れることはあるまいと思われる。幾重もの皺のなかに濡れた鉛のように光っている彼の眼には、人々の良心を問いつめるような力は少しもなく、屈辱を人生の苦い糧としてきた者の悲しみ、訴えることすらない悲しみしか表現されてはいなかった。それほどまでに受身な眼をかつて見たことのなかった私は、うすぎたない背広をきたその出稼ぎ労働者の生活にどのような救いがあるのか自問せずにはおれなかった。彼がアルジェリア人だということから、フランスとの因縁を考えて気の毒だと思ったわけではなく、まさに一人の出稼ぎ労働者の眼のなかに虐げられることしかなかった者の典型的な表情をみたからだった。皮肉に云えば、彼の哀れな姿があつかましくも私の心をゆさぶったのだった。

それににた感動がダマスカスのホテルから炎熱のしたを歩く群衆を眺めている私にふたたび襲ってきた。この群衆は一体これからどれほどの間、現代文明を求めて格闘し、過去を清算する痛みに泣き、また自称文明人の侮蔑や不正に耐えねばならないのだろうか、という想いが胸をしめつけた。かつてマルクスが語った階級闘争に匹敵するものは現在の世界ではむしろ南北問題で、第三世界こそが富める国に対するプロレタリアートを形成しているのではあるまいか。たしかにシリアは今から十年ほどまえ私企業を国有化し、アラブ社会主義をかかげて民族主義を鼓吹している。おそらくそれは歴史の必然であろうし、全ての民族がおのれにふさわしい尊厳をもちうるにこしたことはない。とは云え、「人民の神話」だけで一挙に後進性が消えうせるというわけでもないだろう。衣食たりて礼節を知るという礼節に文明の受肉《アンカルナシヨン》があるとすれば、そこに至る道ははなはだ遠いのである。人は生まれながらに全能でもなければ、与えられた権利だけで偉大になれるものでもあるまい。そこにこそ理想を持つ重要さがあるのだ。ところが民主主義の俗流化や人民の神話には人が究極の完成をめざすものだという過程が抜けおちてしまうことが多い。それは成金が貧乏人の行動しかできないのと同類である。そして不幸なことに、自称文明人たちはそこに野蛮の性格を認め、人種差別のもとをつくってしまうのだ。

その上、沢山のカーキ色の軍服姿がまじっているこの群衆はもともと西欧社会の悪である反ユダヤ人感情の尻拭いをもさせられていると云ってよいだろう。ちょうどヨーロッパの多くの都市で、もっとも辛い仕事、誰もが手をふれたがらない下層労働に従事しているのが、トルコ人であり、インド人であり、北アフリカのアラブ人であるように。だから、こうした内患外憂になやむダマスカスの光景を見ていると、私は気が滅入ってきた。その背後の乾いた青空にゴヤの絶望的に暗い絵にでてくる巨人の姿がうき出してくるようだった。なぜ全ての人々が人生の最も高い理想に参加することが許されていないのか。人間の生はもとより平等ではありえないのか。

飛行機でわずか四時間の彼方には、一切の不愉快な光景を高い壁で隠した私有の渚で、裸の女たちがなすこともなく終日肌をやいているのだ。また緑色のルーレットの賭け台に巨額の金が無造作に投げられる。豊かな消費社会のなかで、人々は倦怠し、もはや人生を感動とともにむかえることができなくなっている。私にはこの世界が妄想でできあがったとしか思われなかった。そして誰にともなく一種言葉にならない性急な怒りににたものがこみあげてきたのだった。

二、祈り

ホテルの部屋は利きすぎた冷房のため、背中に汗をかいて帰ってきたおりなど、数分後には寒くなって身ぶるいする有様だった。冷房のあるホテルにいるだけでも贅沢にはちがいないが、戸外との温度差があまりにも大きすぎるのだ。内心、私は「折角の冷房もこれでは台なしだ。」と不機嫌をきわめていた。案の定、躰の調子は日毎におかしくなって、えんえんたる鼻水が流れだし、ついに熱をだし風邪が本格化してしまった。はかどらぬ出国手続きに苛立っていた妻も、突然、バスルームにかけこんだかと思うと、吐いてしまうこともあって私たちはダマスカスの蟻地獄に惨めにも捉えられたかのようだった。

ついに冷房の調節できる部屋に変えてくれとフロントに申しでると、「そうですかね、あなたの部屋がパラダイスだと云ってとびこむお客様も多いのですよ。」と揶揄しながら、それでも新しい部屋を見つけてくれた。そこで私は文字どおり病人となり、かてて加えて今迄ついぞ味わったことのない腰から脚にかけてのすさまじい神経痛に襲われ、夜どおし枕をつかんで唸る羽目におちいった。

けれど肉体的苦痛は奇妙に啓示的なものである。七転八倒の拷問のような苦痛の中で、さまざまな過去の幻が意識のスクリーンに鮮やかに映り、モスケの塔から日に数度ひびいてくるコラーンの高唱に耳かたむけながら、私は日本のことをふりかえっていた。東京の下宿で苦痛の塊のようにして過した日々の事を。測りしれない巨大な空虚を埋めようとして、血相をかえて走っている東京のアジア的群衆の戛々《かつかつ》とした靴音だけを聞いていた生活を。そのような場所で芸術の美だとか形而上学などは偽りの空中楼閣でしかなかったはずだ。そして現実への誠意は（私は誠意と思っていたのだ。）自己崩壊の道をしか準備しなかった。そして救済はまさに救われる、現実において恩寵を得ることであった。それは美や哲学を創りだし個人的に救われるというのとは根本的に異なる民衆の意識であった。なぜなら、人々の魂がベルトコンベアーにのせられ、都市というよりも巨大工場に等しい東京の中で、摩滅し、消耗し、やがて廃品のように破棄される光景を前に、もし救済がなければ人生は理解不可能であった。それが一箇の観念ではなく、ごく平凡な日常感覚であり、私がいまだ神に愛されていない日々の煉獄であった。不幸な悪魔の美の方がまだしも理解しうるものだった。

おそらく私はこうした感覚を一種の有罪感とともに劇化しすぎていたかも知れないものの、そこまで煉獄に降りて、なお救済のありかを深く問おうとしなければ、もはや私たちは人間としての尊厳を失ったとしか考えようがなかった。たしかに何ものかの不在を予感する者は一輪の百合の花を生けたり、柏手を打ってお神酒をそそいだり、あるいは日本画のように森羅万象を美しく目もあやに並べてみる。けれども依然かつえた精神は現象をむさぼる餓鬼にすぎない。こうした表現の言葉をもたない苦痛の感覚がガラスの破片のようにちらばっていた。私は赤味をおびた夜空をながめつつ、私たちの世界がもはや耐えるに値しない、失われた尊厳をとりもどしたいという声が燎原の火のように拡がらねば嘘だ、と思っていた。あるいは敬虔によって、あるいは倨傲《きょごう》によって、私は祈りのすぐ間近にいた。

このような遠い映像が消えたあとに、さらにフランス滞在中のある一場面が続いていった。南仏の山々が薄っすらと雪化粧をした真冬のことだった。緊急の調べ物をする必要から、私はニースからエク・サン・プロヴァンス大学の図書館へ中古のシムカを飛ばせていた。すでに通いなれた道だった。およそ半分も走ってブリニョールといういかにも南仏らしい小さな街の出口にさしかかった時だった。一人の男が路傍で走り去る車を恨めしげに眺めながらヒッチハイクをしていた。私はふと親切からというより気紛れから、ブレーキを踏んでその見るからに貧相な中年の男をひろった。勿論、私の意識には一種の警戒心がなかったわけではないが、呉越同舟の親しみから、ブリニョールの病院へ行った帰りだというその男の身の上話を聞くことになった。

それによると、暗い色の粗末な外套にくるまり、角が擦りきれたボストンバッグを頭陀袋のように膝にかかえている男は天涯孤独の季節労働者だった。かつて東独を脱出し、今ではフランスに住みつき、各地を流れて歩いている、とのことだった。痩せて眼のおちくぼんだ男は安煙草をみみっちく喫いながら、下層に生きる者の怨み言を続けていたが、かと云って、そうした運命を招いた原因たる東独脱出を悔む様子はなく、むしろ社会主義国の窮屈さを指弾さえしていた。けれど言葉を交しているうちに、彼の想いは次第に天涯孤独の亡命生活の陰気な部分へ向いてゆくようだった。おそらく私が外国人であるという気安さから、あまり打ち明ける相手のいない悲哀が口をついたのだろうが、聞く方はもはや笑っていられなくなった。そして、歩きなれた道を平坦に行くように、疲れはてた夜などには自殺への誘惑に襲われるという告白にまで辿りついてしまった。かつて、ある作家が不幸は千差万別だが、幸福は同じような顔をしていると語っているが、おそらく事実はその逆である。自殺への誘惑などはありふれた事だ。いや少くともそう思って暗い話題から心の平衡を回復する必要があった。私はむしろ皮肉で冷淡な気持になっていった。

けれど、その青い眸をした男が信仰篤い魂を持っていると知った時、私ははじめて彼の言葉を信じてもよいと警戒心を解いた。天涯孤独の彼に自殺への誘惑が訪れるたびに、生きる力を汲んできたのは信仰の中であると語り、渾身の力をふるって善良に生きようとした者をなぜ神が見棄てるだろうかと云うのだった。それは確かに素朴で単純な論理である。けれど異国で生涯を終えるであろうその男にとって、暗い日々につねに確かめられてきたその論理がこの世の一切の不条理とつりあっているのであろう。いわば個人的な千年王国論が彼の心のなかで、一つの困難に立ちむかう現実的な力に変貌しているとすれば、それは偉大なことである。男はエク・サン・プロヴァンスで降りると、グルノーブルの冬の宿へ働きに行くのだと云って別れたのだった。

なぜダマスカスのホテルで神経痛になやまされている夜、私の心にそれらの回想が訪れたのだろうか。私が信仰を必要としているためであろうか、或いは自己の存在を感覚世界に頽落したものとし、より根源的な存在を信じようとしたためだったのか。いやむしろ不毛な曠野に生きる中東の民衆の心に深く宗教が生きているという環境のためと云った方が正確であったろう。水も満足になく、ごく原始的な泥と石で造られた村々にも、おそらくその中世的貧しさゆえに、祈る行為が意味をもっている。きくところによれば、怠け者で、女に働いてもらい、水煙草《ナルギレ》をすいながら日がな一日喋り暮す砂漠の民、ベドインにも、ちょうど夜空に輝く北極星があるように、神が生きているらしい。

私たちはアラブ諸国という場合、ただちに回教徒と思いがちだが、現実はより複雑で多くのキリスト教徒も同居している。イスラムが北上してくる以前、いわゆる歴史的シリアには正統派、ネストリウス派キリスト教、そしてユダヤ教が栄えたし、エジプトにはファラオン直系の子孫と自称し、かつキリスト教徒であるコプトがいる。このような伝統はダマスカスからほど遠くないマアルラではいまだキリスト時代の言葉を話す人々がいるということだけでも肯ける。そして現在でもレバノンではキリスト教徒から大統領を選び、要職を回教徒の各宗派にふり分けるという不文律があるらしい。

ともあれ、このような環境のなかで、キリスト教徒であれ回教徒であれ、人々は敬虔で信仰に篤く、アルコールに厳しい回教のためもあって、酔漢などは少くとも街路では見られない。アラブの人々が「アッラ・カレイム」（神は偉大である）とか「インシャッラ」（神がそう望むように）などという言葉を連発するのはその名残りにちがいない。こんな風に宗教がどの民族にもましてなおアラブ文化圏で深く生活に根をはっている。そして、現代の荒漠とした都市のなかで、虚無にさらされた魂の群を知っている私には、そうした宗教を単なるプラグマティックな立場から近代化への障害と非難することはできないのだ。

ようやく病気もいえて、紹介状を貰っていたダマスカスの美術館へ行ったり、外壁でかこまれたアラブの家屋の中庭には、涼をよぶ噴水があることを発見したりしはじめていた。人々は濃いアラブコーヒーを勧めながら、「アハラン・ワ・サハラン」（ようこそ）と云って親切に迎え入れ、困った事があったら御役に立ちましょうと歓待してくれたのだった。こうして少しずつデペイズマンによる衝撃から立ちなおって、ダマスカスの現実と人々になれはじめていったある一日、背中に火がつきそうな暑さを浴びながら、アゼムの宮殿とオマイヤッド寺院を見物に行った。

　街は群衆で賑っていた。国際見本市のためもあり、国境封鎖で立往生した旅行者のためもあって、いたる所に人込みがあった。靴磨きの少年たちが声をかけたり、清涼水を売る男が真鍮の小皿をカスタネットのようにうち鳴らせていた。さまざまの音、さまざまの色が烈しい陽射の下に生きている。そして、オマイヤッド寺院の入口に達するにはスーク（東洋のバザー）を通らねばならないのだが、私はそこでふたたび超現実的な風景に出会ったのだった。中世の百貨店と形容してもよいだろう。細い路地の両側にバラック小屋のような無数の商店が軒をならべ、古いアーケードの崩れ目から強烈な光がほこりっぽい内部に斜めに落下している。そこに所狭しと、絹織物、絨緞、羊の毛と皮、金銀細工、パン、駄菓子、香料などが横に縦に山とつまれ、さながら我楽多市にまよいこんだ印象である。博物館から抜けだしたようなミシンで仕事に精だす年老いた靴屋、羊毛の山のうえで眠る少年、古い指環をならべた宝石商のウィンドーを覗きこむ女たちの群、そうした光景はまるで中世の夢かとさえ思われる。

しかも迷宮のように錯綜したせまい通路に人々がひしめきあっている。そこを自転車や荷車が通る。タクシーが警笛を鳴らして走る。しかも何とのどかなことか、「中国製造」などと読める荷箱をつんだ驢馬がカッカッと蹄をたからかにひびかせて黙々と歩むのだ。私は呆然とし、楽しむ気持どころか、異質物の闖入にとまどっている風情だった。こんな世界がまだあったのか、というのが偽らざる私の印象だった。

こうして幾度も人波をかきわけ、迷宮を右や左にまがった後、ようやくオマイヤッド寺院の入口に達した。すると、石を敷きつめたその入口に一人の貧しそうな黒衣の女が病気らしい幼な子をかかえて蹲り、そのかたわらに汚物らしきものが夏の陽を浴びていた。あたかも試練に立ちむかうかのように、私は息を殺しつつ、社務所ににた所で靴をぬぎすて、石をはった宏大な長方形の内庭にでて行った。靴下だけとなった足裏に冷えた石の感触が快く、ときどき鳩がキュッキュッと羽音をのこして午後の青い空に舞いあがってゆくのだった。

私は祈りの場所である伽藍が好きで、これといって建築様式に詳しくはないが、そこにある魂のヒエラルキーの表現が興味ぶかく、イタリアのトスカナ地方を歩いたものだった。けれどモスケははじめてである。そこも一つの会堂であるのだろうが、どんな宗教性を演出しているのかと興味で一杯だった。やがて、回教徒が身を浄める水置場を通り、シャンデリアがぽつんと吊り下っている薄暗いモスケ内部に立った。何百枚となく絨緞を敷きつめた巨大な内部は、思いがけずすっきりした格納庫のような空間であった。装飾の多いローマ教会の空間に比較すると、偶像をもたない回教寺院は椅子もないだけに水平の視野がうすぐらくひろがっている。まるで走り出したいような空間だった。

いくぶん湿り気をおびた絨緞の上に、祈りにきた男たちがひざまずき三拝していたが、ひんやりしたモスケは日中の暑熱をさける恰好の休息所でもあるらしく、のんびり肘をついて昼寝を楽しむものもいた。そんな人々やシャンデリアに目を奪われつつ歩いていると、ふとボードレールの詩篇『旅』に出てくる皮肉な一詩句を思い出した。世界中いたるところで宗教は天に向って昇るものだ、という冷やかな意地の悪い観察である。多分これも十九世紀の首都パリで無宿者の生活を送らねばならなかった詩人の痩我慢であろう。彼とて肉眼では見えない天という想世界を通ってしか到達できない瞑想《テオリア》がまた存在することを知っていたはずだ。そんなあるかなきかの世界を象徴する伽藍はいとも鵺《ぬえ》的な建物である。いや、それこそ私たちの魂の裸形ではあるまいか。

こんなとりとめのない想いに耽りつつ、私は湿っぽい絨緞の上をぶらぶらと歩いて行った。モスケの中央にはプラットホームのような場所があり、そこでは何人かが常にコラーンを読むことになっているらしい。そして、美しい水滴形のシャンデリアの仄かな光で照らされたそこで、私はまさにアラブの詩のような光景に出会うことができたのだった。一人の少年を前に、長い白髭をたらした老人が片膝をたてて、諭すように人差し指をふりふり熱心に話しかけているのだった。いたずらに異国情緒を求めようとは思わないが、それぞれの国が自然に見せる詩的瞬間があるものだ。そんな時こそ、夢想が触発されて、想像の野がひろがってゆくのだ。試練にかけられたように緊張していた私の心はひとときき大きく息をついた。その白衣をまとって、三角形の姿となった老人が遠い日のアラブの叡智について少年に語っているのだ、と私は思っていた。

もしその白髭の仙人のごとき老人が伝説的なポエジーをかきたててくれたとすれば、一方また悲劇的な詩にも出会ったのだった。それは同じモスケのことではなかったのだが、ダマスカス南方の回教徒にとっては由緒ある場所とかで、イラクやヨルダンからも訪ねる人の多いモスケでのことだった。道の両脇には参拝客相手にパンや羊の腸詰め、飲料をうる出店が賑っていた。モスケの中に入ってゆくと、そこは鏡らしきもので装飾されていてはなはだ安っぽい印象だったが、中央には鉄柵にかこまれて何物かが安置されていた。その時、私は一人の黒衣の女を見た。

女はその鉄柵に両手でしがみつき、紙をくしゃくしゃに丸めたように、小さく蹲って泣いていた。他人の存在を顧みることもなく泣き崩れているその黒衣の女のふるえる肩を私はじっと見下ろしていた。子供を失ったのだろうか、夫から見離されたのだろうか、一つの不幸が存在し、それを見て、思う存分泣くがいいとしか云えない自分がいる。ただそこにモスケがあり、苦悩を洗い落す涙をうけいれてくれる慈悲の場がある。伽藍は人の魂を知りつくしたものの創造なのであろう。

……オマイヤッド寺院を見終ってふたたび内庭にでた時、さしも猛威をほしいままにしていた太陽も西空を明るい黄金色にそめて、寺院の塔を黒い影にうきあがらせていた。そして私たちが出口に向って歩いていると、鳩が紙吹雪のようにまっている空をひきさくように、突然、祈りへと人々をいざなうコラーンを高唱する声が響きわたった。日に数度、アラブの人々の生活を区切る声である。そしてまた謡曲をおもわせる抑揚をもったその声は旅人にそこがオリエントであることを想いおこさせるのだ。声は雑踏する街々の上にも、広大な谷間の夕べにも、人々を永遠への瞑想の方へと誘うように流れてゆく。熾烈な暑さの中をふとよぎる一瞬の涼風のように、実に敬虔なある別の時空を大地にひろげるのだった。その瞬間には、苦悩する首都も、渇水も、人々の貧しさも、ましてイスラエルとの紛争も、全てが永遠の相のもとに消えてしまうかのようだ。あたかも、天と地と人だけが存在するような浄らかな瞬間であり、こうした時こそ、人は生命の泉にちかい所に立っているだろう。

三、曠野

はじめの旅行計画ではダマスカスからパルミールを訪れるつもりだった。会う人はみな例外なく、パルミールに残る壮大な古代帝国の遺跡について熱っぽく推薦してくれたし、そこであおぐ朝焼けは筆舌につくしがたいと語っていたので、私の夢はふくらまざるをえなかった。その上、他愛のないことだが、『悪の華』に出てくる詩篇に「パルミールの失われた宝石」という詩句があって、常々想像力を刺戟されてもいたのだ。私にとってパルミールは幻の地名であった。

そこで、ホテルの部屋に誰かが忘れていったシリアの観光地図を拝借して調べてみると、ダマスカス北方のホムスから道路が東に延びているので、パルミール行きは決して困難ではなかった。幻の土地はすぐ身近にあるように思われた。

けれどその時にいたって突然、黒雲のような気後れが襲ってきて、私は尻ごみしてしまったのだった。久しい間、夢みていた憧憬の人にあいみる機会が訪れたにもかかわらず、現実での失望を怖れる男さながらに、パルミール行きを断念してしまったのである。その気持を一面から解剖すると、自閉的な防禦姿勢なのだが、他面から云うと、夢想は時としてクリスタルの花瓶のように壊れやすい性質をもっているからだった。デ・ゼッサントのような芸術家ならエゴイストな壺中大夢の人でいられようが、日々新たな現実に直面する旅行者はそうはゆかない。旅は一種の綱渡りなのだから。

　実際シリアに到着してからというもの、一向に旅心定まらず、夢想の花瓶をどこかで壊したような痛みが感じられていたのも偽らざるところだった。期待と現実との微妙な差がしばしば私を苛立たせた。だからこそ、その脆いクリスタルの容器の中で、パルミールから触発された夢、天地荘厳の時という個人的神話を守っておきたかったのだ。つまり、私の心のなかの風景とは、なだらかな砂丘のあいだに忽然とあらわれる古代の神殿群の廃墟に、朝方のほとんど水平な光が長い影をつくりながら、曙光が東の空を染めてゆく光景だった。

「はじめに光ありき」という言葉の最初のカァッとした光、清浄で革命的な光をみる感動がパルミールをめぐる夢想にともなっていたのだった。そこは無機的で人間のいない処女地でなければならなかった。だから現実のどこかだらしない汚れた世界を怖れる気持が、ふと旅行計画を練っている私の虚をついたのだった。こんなロマンティックな夢想にくらべ、曠野の夏の旅は喉も心もかわいてしまうひどく辛い旅なのである。こうした痛みが耐えがたいまでに烈しくなったのはダマスカス南方へ悪夢のような小旅行を企てた時のことだった。

私の滞仏時代の知人の一人に、ダマスカス大学の美学の助手でかつ彫刻家がいた。彼はシリアを訪問するという私に美術館への紹介状や興味深い土地土地を記した地図を書いて手渡してくれた。たしかにさまざまの民族が往来したこの附近は考古学の宝庫で、ヒッタイトやアッシリア、ギリシャ、ローマ、ビザンチン、そしてアラブと歴史の頁《ページ》がマイクロフィルムのように地中に残されているといっても過言ではないだろう。ダマスカス美術館にはジンギスカンの兵士を形どった陶器さえ残されている位なのだ。そうした歴史の想い出のひとつに、世界屈指といわれる古代ローマの遺跡をもったバスラがあった。

私の知人はそこへはバスで行けば安くて便利だと教えてくれていたが、それは不可能な話だった。ガソリン臭にみちた満員のバスで、炎天下を汗と埃にまみれて長時間坐っているのはほぼ拷問に等しい。その上、『ヴェニスに死す』の主人公アッシェンバッハではないが、誰にもわずらわされることなく物想いにふけりたいという、つつましい贅沢趣味もないわけではないのだ。そこで奮発することにして、数日前から時おり乗りあわせたタクシーを一日借りるよう妻が交渉した。昔、大臣つきの運転手をしていたという六十がらみの実に柔和な顔立ちをした老人が私たちの案内役となった。翌朝、太陽が街に君臨しようとする午前十時、老人は大きなアメリカ車を運転してやってきた。

ダマスカスの評判が緑陰と川の湿気にあると聞くと微笑を禁じえないが、曠野に住む人々にとってそれは偽らざる感慨であろう。というのも首都の南二十キロほどには並木や林が緑をみせ、耕作が行われて、驢馬の背にのった農夫や少年の姿にたびたび出会うことができる田園地帯だからだ。たとえそれが日本の鬱陶しいまでの緑に較べれば、随分わびしいとは云え、曠地を旅してきた者の眼には大きな慰めであるにちがいない。実際、さらに南下してゆくと、そんな牧歌的風景はぱたりと消えて、見渡すかぎりの荒地が拡がりはじめる。雲ひとつない硬質の青空の下に、頂上まで完全に禿げた小高い山々が素焼きのどんぶりを逆さにしたように点在し、見る者を圧倒する。時に褐色、時に濃い灰色の火山灰質がみせる荒れはてた大地は予想をはるかにこえて凄惨な光景であり、ちょうどしわぶく大海原にのりだしてゆくのと同じ畏怖を感じたのだった。何ものかの誕生もないかわりに、生命の腐敗もない無機の世界、まさにノーマンズ・ランドであった。

けれどそこには形容しがたい美がある。緑と湖と丘でつくられた楽園的な美とはちがった、はげしく訴えるような美である。およそ十年ほど前、旧式のＤＣ６機の窓からダマスカス周辺の荒蕪の地をみおろした経験があったが、それは抽象画、いや赤壁の幻想といったような異様に美しい眺めだった。そして今実際に曠野に立ってみると、それが人間を寄せつけない厳しい不毛の美だったことが理解されるのだった。季節の流れを告げるどのような変化もなく、まるでただ永遠の空舞台に夜と昼とが規則ただしく幕を上げたり下げたりするばかりなのだ。この凍った倦怠とも云えそうな不毛の美はゴーチェが喜びそうな趣きだった。

と同時に画家の大野忠男氏もすでに指摘しておられるが（『東方への回帰』参照）、何ひとつない曠野は考え方しだいで、竜安寺の石庭を巨大にひろげたような、心を瞑想にさそう豊かな空間にもかわりうるだろう。たとえばアラブ人は感傷的であると同時に神秘的世界への傾斜をもっているといわれるのも、曠地での孤独な生活とまったく無縁とはいえないだろう。もしかすると青空のしたを遙かにひろがる灰褐色の大地は、そこで感じられる畏敬そのものによって、人の運命というものを一番先に考えさせてくれるのかも知れない。そこには都会の砂漠にありがちなささくれた不安はなかった。

いや、簡易舗装の続く一本道を走っている私は胸苦しくなるほどの不安を感じていたのだ。けれどそれは曠野そのものが原因ではなかったのだ。

よく道なき灰褐色の大地を眺めてみると、みみずばれのような幾条もの車輌の跡が続いているではないか。そして、それがキャタピラによるものだとわかるまでに時間はかからなかった。事実、丘のふもとなどに砲塔だけを残し、壕に身をひそめた戦車が散見されるではないか。どうやら私たちはゴラン高原から南北に走るイスラエルとの国境線とパラレルにヨルダン国境方面へ南下しているらしい。もしそうだとすれば軍事的に一番神経過敏な地帯から遠くない所に足をふみ入れたことになる。思えば、十九世紀中葉、東方旅行をつづけていたフローベルとマクシム・デュ・カンは馬上に銃を携えて、ベイルートから地中海岸ぞいに南下し、当時、荒廃しきっていた聖地エルサレムに到着したのだったが、そこは和解と祈りの土地ではなく、さまざまの人種が反目しあう場所であったことがフローベルの友人宛手紙に記されている。そして現在もまた彼らが死海をへてダマスカスへと辿っていった内陸路は「六日戦争」以後、いつ戦火がふきだすかわからないという危険地帯になってしまった。(第四次中東戦争はちょうど私の旅の一ヶ月後に勃発し、ゴラン高原では烈しい戦車戦が展開された。)

しかも平時でさえ、レバノン南部などではゲリラ掃蕩の口実で国境をこえてくるイスラエルのセンチュリオン戦車が自動車を乗客ごと踏みつぶしてしまうことなどが起るのだ。何が突発するかまったく分らない。事実、ゆるやかな斜面に点々と隠されている戦車、鉄柵にかこまれた空軍基地に待避壕をつくり、そのなかで翼を休めているミグ戦闘機などをみると、冷たい憎悪の空気がおもくあたりをおしつぶしているのがわかる。こうした世界では、無防備な個人の命などは砂漠の一粒の砂ほどにもたよりなく、自分がイニシアチヴをとれない世界は薄気味のわるいものだ。肉体という物理的脆さがこれほど意識されるところはないであろう。おそらく応仁の乱のなかをさまよった歌人などは否応なしに人間の儚い無力に涙したにちがいない。

その上、私は赤軍派で高名な日本人であって、政策上パレスチナ・ゲリラの勝手な行動を許したがらないシリア憲兵隊にさえいかがわしく思われる可能性もあり、いつの間にか旅行気分などは霧散していた。自然に対する畏敬の念は崇高な想いへと人をさそうに反し、人間の現実がかもしだす恐怖はうすぐらく陰険な猜疑心をつのらせるのだ。

そんな胸苦しい圧迫感をいだいたまま、右手に禿山を眺めながらなお三十分も走ったろうか。果して前方に検問所がみえ、肩から自動小銃をつった兵士が通行者のコントロールをしていた。やはり背筋に冷たい緊張が走った。さいわい、老練な運転手が、

「これは外国人の旅行者だよ。」

と説明してくれたためか、拍子抜けするほどあっさりと検問所を後にすることができた。

「あんな若僧に旅券をみせたところで何も分りはしないんですよ。」

と、白い眉に優しい微笑をたたえながら老運転手が慰めるように云った。

けれど私は内心で一つの検問所を通過することは一層深入りしたことに他ならず、必ずやまたどこかで検問されるだろうと覚悟していた。だから、故意に後部座席でそっくりかえってみせたものの、それは内部の圧迫感を閉じこめようとする虚勢であった。たしかにフランス紺碧海岸のあまりにも平和でブルジョワ的倦怠さえ感じられる世界から随分遠くにきてしまったのだ。とは云え、もしかすると、箍がゆるみ、禁忌をことごとく失って、何が生きる理由なのかわからなくなった社会よりも、こうした戦場的な緊迫感や危機の意識の方を私はひそかに好んでいたかも知れない。マラルメが「破壊

こそわがベアトリーチェ」といい、梶井基次郎は丸善にこっそり置いてきたレモンを爆弾と夢想する。これは倦怠から椿事を期待する邪念でもあれば、古代ギリシャの民衆が悲劇にカタルシスを求めた心でもあろう。

そんな曠野をさらに南へと走り、貧しい過疎地帯の村シャーダに到着した。そこではギリシャ時代の街が近年発掘され、モザイクをしきつめた当時の床が小さな美術館に保存されていた。さまざまな色をした自然石をくだいてつくられたモザイクは色褪せることなく、ヘラーだとかアフロディテなどを四季にあしらっていた。けれど地中海的明るさをもつヘレニズムの想い出は荒涼たる風土のなかではいかにも不似合で、葡萄模様にふちどられた神々が虜囚のように孤独にみえるのだった。

つまり、目がくっきりと大きいギリシャの神々を寂然とさせるほど、黒い火山灰地にある村は貧相で、乾いた道路で、二、三人の少年が私たちのいかにも豪勢なアメリカ車に目をみはる他は人影もなく、犬の虚に吠える声が響いていた。村の背後には、あきらかに熔岩流で形成された異様に黒い小山が二、三個つきだし、その山の一つにあるという城塞あとを見にわざわざ車でのぼってもらうと、軽石のような気泡の多い小石がタイヤの下で軋んだ。目的の城塞あとはついに発見できなかったが、中腹からみおろす、二つの門を南北にもった村と、黒い曠野との光景はまさに文化果つる所であった。キリストが出て行った荒野とはこんな場所であろうと思った。そして、こうして乾ききった軽石がつみかさなる大地で、驢馬の背にのって一生を終る人も、何人にも知られることのない先祖伝来の宗教を守って死んでゆく人々も多いと思いおよぶと、いかにも人間の生が虚しかった。人がこの地上に生誕したからにはできるだけすみやかに死の国《ハデス》を求めるのが一番論理的にさえ思われた。人の生活を外側から眺めるものは皆こうしたペシミズムに捉われてしまうのだ。「執着せよ！」と警告を発する内なる声があった。だが何に執着せよと云うのか。キリストの逸話にならって云えば、権力にか、富にか、あるいは名誉にか。三つの言葉の裏側には、刺客がおり、泥棒がおり、嫉妬がある。私は茫漠たる曠野にむなしくはねかえる太陽の烈しい光を眩しく眺めていた。

四、廃墟と現実

犬に吠えられながら、軽石の路をゆっくりくだると、ふたたび私たちは曠野を南下した。水も充分にないというその一帯は痩せていた。一台のフランス人旅行者ののったシトロエンが心細げにゆっくり走っていた。

最初の目的地であるスエイダの街はなだらかな丘の斜面に立っており、車からおりた公園の前には対トルコ独立戦争の英雄像が馬上に三日月形のアラブの剣をふり上げて立っていた。多分、有名なアラビアのロレンスのころの英雄なのだろう。警察署と隣接しているらしい美術館では若い愛想のいい番兵が物ずきな日本人を迎えた。三日月形の剣にかわって彼の肩には自動小銃が重い荷物のように吊りさがっていた。独立後数多くのクーデタを経験したこの国では、内側に向っても自動小銃を向けておく必要があるのかも知れない、と私は咄嗟に思った。

美術館にはやはりギリシャ時代の発掘品が陳列されてあった。フランス語を話すガイドは、考古学的にはいざしらず、美術的にはさほど貴重とも思われない円柱の破片や浮彫り、彫刻などをていねいに説明してくれた。そこに漂う古代生活の想い出がおもくるしい曠野の旅から私を救ってくれた。浜辺にうちあげられた貝殻の破片のように、地中から掘りおこされた石たちは限りある人の命に挑戦しているかにみえた。

この後も、附近に散在するギリシャの遺跡を見物にゆくために、山ふところに珍らしく緑が眼にしみる道を村童にたずね進んでいった。そして、突然前方に、青空とあたりの木立にはっきりと映える列柱が出現した。雷に打たれたような廃墟の列柱はいいものである。現世の栄耀に心うばわれた者の眼には廃墟は墓場、それも手入れのよくない墓地にしかすぎないだろうが、列柱は高貴な人のようにじっと佇んでいる。ゲーテのように、「石よ、語れ!」と呼びかければ神殿廃墟の列柱たちは旅人に大理石の心を開いてくれるかも知れなかった。けれど耳を澄まし、懐古の夢にふけるわけにゆかなかった。というのもその雑草が茂った廃墟には十八、九歳ほどの一群の少年兵たちが見学にきていたからだった。

目ざとく私を見つけた彼等はおずおずと中国人か日本人かと問うてきた。「ヤバーニだ。」と答えると、彼等のいかにも単純そうな眸はにわかに親愛の情にかがやき、ロッド空港事件や日航機ハイジャック事件における日本人の武勇をたたえるのだった。いわゆる「赤軍派」がどれほど日本の市民社会を震撼させたかは詳しく知るところではないが、皮肉にもこの少年兵たちにとって日本人テロリストは英雄であり、「岡本にかけて」という表現がアラブで話されているらしい。私としてはこの少年兵たちの素朴な称讃をまともに受けとめることはできないものの、一つだけいえるのは正義が国境の向う側では悪となり、また逆に悪が正義となる人間世界の相対性である。それはひどく怖ろしいことである。そしてこの怖ろしいことが矛盾のまま人間の現実に存在していることは非情残酷なことである。こうして突然、ヘレニズムへの夢から強引に私を現実へとよびもどした少年兵たちは、先を争って私たちを案内しはじめたのだった。

不幸なことに現在アラブはイスラエルへ火のような憎悪の目差しをむけ、イスラエルは氷のような冷酷な侮蔑の視線をアラブになげている。こうした悲劇的状況はあまりにも複雑で、しかも地理的に遠いこともあって、日本人たる私の理解のおよぶところではないが、云えることがあるとすれば、迫害されてきたユダヤ人がようやく祖国をもち、国家存亡の機をせおって戦っているのだから、という同情論はあまり根拠がないということだ。この観点は欧米文明圏にひろがっているエゴセントリックな罪ほろぼし意識でしかないし、ユダヤ人とイスラエル国家とを混同するものであろう。私自身、滞仏中にユダヤ系の友人をもっていたし、西欧の悪たる反ユダヤ人感情はないのだ。

けれど結果としてイスラエル建国を支えたシオニズムの運動がパレスチナにいた人々の犠牲においてなされたことは歴史的に否定しようがないと思われる。実際、ヨーロッパにおける反ユダヤ感情を背景に生まれたシオニズム運動が確立した一八九七年の「バーゼル綱領」をみると、西欧列強の植民地主義に刺戟されてか、はっきりと「パレスチナ植民地化」を謳っている。ここに西欧での被迫害者としていじめられたユダヤ人がひとたび英国保護領であったパレスチナに移民しはじめるやいなや迫害者に豹変した根深い意志がみえる。そして、このようないわばイスラエル建国を支援したのは英国であり、建国を国連でごりおししたのはトルーマン大統領であるのは知られていよう。どうやら偉大なチャーチルとかトルーマンといった人々の精神には勝利する者の手前勝手なところがあるようである。そしてまたトインビーがみごとに指摘しているが、狂信的な民族主義であったナチズムに叩かれたユダヤ人はその残虐な機構を学んだとしか思えないようなテロリズムを中東にもちこんでしまった。

こうした事柄は、数世紀後、歴史家の手で書かれるだろうし、たとえその時高度成長をつづけているイスラエルが既成事実として成熟した国家となっていようとも、血ぬられた原罪として記憶されるにちがいない。だから対トルコ独立戦争をきっかけに目ざめたばかりのアラブにとって、なぜパレスチナを捨てる羽目になったのか、最初は何も理解できなかったのではないだろうか。当時のパレスチナには回教徒、ユダヤ教徒、キリスト教徒が仲良くとはいえないだろうが、共存していたし、歴史的にユダヤ人がそこから追われたこともない。ところが、世界のユダヤ系経済力をバックにパレスチナにユダヤ人帝国を夢みてのりこんできた移民は近代植民地主義者に等しい行動をとった。知識と技術をもった開化された移民である。もちろん、それに対応するだけの狡智はパレスチナ人にはなく、アラブ側が無知ですきだらけで国家意識さえ充分でなかったのは認めねばなるまい。けれど存亡の機にこうしてさらされたのはイスラエルではなく、パレスチナだったことは否定できないだろうし、イスラエルの被害者的口吻は現実の経緯からしてもはや説得力をもっていないだろう。一九四八年四月九日、建国の父と呼ばれるベン＝グリオンによって組織されたユダヤ人武装集団ハガナはディール・ヤサンで二百五十名の村人を虐殺し、『歴史の研究』の中でトインビーはこの事件とナチの残虐行為とをひきくらべ、嘆いている。以来中東の火は燃えひろがるばかりで、まだまだ多くの血が乾いた砂に滲みこんでゆくであろう。

もっとも、シニックな見方をすれば、こうした紛争も人間の愚かしい歴史の一齣にすぎない。イスラエルが建国のために厚かましい異常心理で、土地を占領し、国連決議を死文化させて恥じないのは、かつての日本がそうだったように力を持ちはじめた者のやり口であり、野心にみちた青春が独善的になりやすいのと同じことである。建国というものが外側に対してはア・モラルなエネルギーでしかないという歴史の残虐さである。曠野の廃墟を一つ一つ尋ねてみれば、歴史が力学であり、良識などはその歯車で砕かれるだけだ。より強力な蛮風が、かつての神々と神殿を破壊してゆくのだ。一人の個人として私たちはその残虐な歴史の舞台で踊らねばならないけれども、『マクベス』の魔女ならば、歴史は勝利者からもたっぷりと流血の供犠を求めるものであることを、アラブもイスラエルも戦いおえた夕べに汚れた手をみつつ噛みしめるはずだ、と呟くにちがいない。

……カーキ色の軍服の背中にじっとり汗がしみでている少年兵たちは、私の胸中を走った傍観者的シニスムに気付くことはない。素朴な彼等は、ただ一人の日本の旅行者のために最善をつくし、円柱の浮彫りをさししめしたり、カメラのとりやすい位置へ、崩れた石のうえを跳びながら案内してくれる。旅行者として土地の人々の善意を利用するような気恥しさが私にはあった。君たちの若い血潮を煮えたぎらせるものが何であるか私は知っているのだよ、けれどそれが私には心を凍らせてしまうものだ、と内心で文明に毒されたもののように私は呟いていた。こうした思いがけない邂逅の三十分ばかりがすぎて、よく陽に焼けている少年兵たちに「シュクラン」（ありがとう）を連発しながら、私たちはふたたび車にのりこみ、電柱だけが点々と続く曠野の道を永遠に旅しつづけるかのように南西に向って走りだして行った。

ヨルダン国境にほどちかいバスラはシリア南方にひろがる曠野の西端にあって、ほぼローマ帝国版図の東端に位置していたように思われる。つまり古代文明がそこでつきて、その先は遊牧民族の大地がはじまる境界と考えてもよいようだ。そして今でもバスラは乾いて貧しい辺境の村であった。そこに黒衣をまとった烏のような女の姿が、安貨幣を鎖でつなげたアクセサリーを鳴らしつつ、素焼の壺に水を汲んでいたとしても決して不思議ではないだろう。私たちが車でのりこんでゆくと、ただ村童が珍らしそうに立っているだけで、人影はなかった。一体村人たちはどこにいるのだろう、と以前から気にかかっていた疑問がふたたび頭をもたげた。こんな今も昔も辺境の灰褐色の大地に、ローマの巨大な劇場がほぼ完全にちかい状態でいまだ古代の栄耀をつたえているのだった。

涸れた堀をわたってゆくと、それは劇場というよりもむしろ砦に近く、原子爆弾にでももちこたえられそうな堅固な建物だった。戸外の炎暑にもかかわらず、石の内部は涼しく、熱風にあおられて疲れはじめていた私たちはようよう一息つくことができたのだった。かまぼこ形のトンネルをだらだら降ってゆくと、その脇から恐ろしく急な階段が斜坑のようにのぼっており、建物の最上階に達しているのだった。私たちが息をきらせてそこを登りつめ、ふたたび烈しいシリアの太陽にさらされた時、円形劇場の最上階に立っていたのだった。

眺望は素晴しかった。

いまだかつてこれほど美事な、原形を保っている円形劇場をみたことはなかった。半円をかく最上階には列柱が歩哨のようにたちならび、倒立した円錐の底に舞台がみられた。円柱と直線、平面と斜面との未来風景のような幾何学的構成が永遠の青空のしたで美しい。一つ一つ石をつみあげたのは奴隷たちであったろう。この猛烈な太陽の下を、ローマ兵に見はられながら、汗と埃にまみれた奴隷たちが生命とひきかえに天へ天へ石をつみ上げたのだろう。それだけローマ人の力はどの柱にもどの石にも威容をもって迫り、この異国の大地に征服者の驕りを示しているように思われる。

思えばその昔、シリアの太陽が地平に沈む頃、トーガをつけたローマ人たちが松明の炎に照らされて栄耀に酔ったのであろう。辺境にあったかれらは遠くキャピトールを想いつつ、笑劇などで配所の憂鬱をはらしたにちがいない。耳をすますと、誰もいない観客席から、そこをうずめてゆく幻のローマ人たちのざわめきが聞えてくるようだ。まるで過去だけが美しく偉大であった錯覚に捉われ、水をとおる光が屈折するように、記憶は詩のようによみがえってくるのだ。それほど今は誰一人いない森閑とした円形劇場が美しい。

だが、矢を射かける無数の裂け目を入れた劇場は同時に外敵から身を守る砦でもあったらしい。そして今、かつての征服者たちはどこへ雲隠れしたのだろうか。かれらもまた時間の洪水にのまれ、忘却の海原へ去って帰らない。今から生きんとする者は己の理想を戦いとるに忙しく、無常は諦観への誘惑にすぎないだろう。けれど、一歩身をひいて廃墟に耳かたむければ、私には死が生に敵対するというよりも、親しい旅の友のように思われてくるのだった。死の彼方に夢みるものを失い、生存の虚栄のなかを走る現代人は奇妙にア・プリオリな存在理由をもたない。何とうちすてられた生存であろうか。円形劇場の主のいなくなった静かな観客席に死がかげろうのように立っている。私たちは熱い石の上を、休んでいるとかげを驚かせながら歩いていった。トーガをまとったローマ人たちがかつてシリアの太陽が地平に沈む頃、松明の炎に照らされて歩いたところを……。

その頃から、私の体調はまた狂ってきた。緊張と熱風とにやられ、なれないアラブ料理に弱っていた胃のおかげで、精神は朦朧となりはじめていた。ゆっくりと休息したかったけれど、バスラを後にした荒野で喫茶店をみつけるなどというのは夢のまた夢にひとしい。ただ運転手にまかせて、デラー西方の湖岸で適当なレストランに寄ろうという言葉に従うほかはなかった。とはいえ、朦朧と苦痛にたえている私に「これはますます危い方向に進んでいる。」という意識だけは明晰だった。まるで地図を失った敗残兵のように私は太陽の位置を気にしていた。

事実、ヨルダン国境にちかい街デラーを横切り、さらに西に向っているのが分ると、私の危惧は本格化してきた。もし私たちが目ざしている湖がティベリアであれば、そこはシリア、ヨルダン、イスラエルの国境線が集まるところで、かつてはゲリラの活動地帯であったはずだ。さまざまのアクシデントを聞き知っている私は湖畔での食事を諦めるべきだ、と思いはじめていた。果して広大な軍事基地のわきで、私たちの車は検問所で停止させられた。兵士は旅券を調べたのち、ひきかえすように命じた。私はその命令をむしろ安堵の念をもってきいた。

ヨルダンの首都アンマンからダマスカスへ続く幹線道路にのった帰途、なお二回ほど検問所を通らねばならなかった。ダマスカスへの長い退屈な道のりをむやみに煙草を吸って、悪夢にうなされているような気持をごまかしながら、駱駝や驢馬のいる光景に耐えていた。だが、不思議に先進国の快適な生活が懐しいとは思わなかった。なぜならその重苦しい灰褐色の大地で私が裸にされたような小気味よさがあったからだった。

一つの村で私たちは嫁入り風景にであった。沢山の村童たちを先頭とする行列の中央に、着飾った花嫁が驢馬の背にゆられていた。村人たちの表情は殺風景な大地にもかかわらず明るかった。

五、アレッポ

　それからの数日、妻の再出国手続がいっこうに捗らないこともあって、私はダマスカスでぶらぶらしていた。スークで外国人相手の土産物屋を出している若主人と話したり、聖パウロが迫害から脱れた場所を訪ねたりした。旅行者のぶしつけな好奇心は際限のないもので、トリクトラックというゲームに打ち興じている男たちや、清水が落下している野外のカッフェで水煙草《ナルギレ》を吸っている人々を何を思っているのかと見抜こうと試みていた。おそらく、臨戦態勢下の重苦しい空気にも民衆はなれてしまっているのだろう、かれらの表情にはそれらしい緊張はなかった。

　そこから百キロも行かぬところに最前線基地があって、ファントムといった超音速戦闘機ならば五、六分の距離である。それにしては人々の様子は無防備にみえ、危険を眼の前にしてはじめて狼狽するような油断がありはしないかと余計な心配をした。人々に向って、今は国家存亡の時なのだぞ、と叫んでやりたい気になったのも、日本人たる私の感性のためだろうか。むしろそれをはぐらかすように、街には呑気な雰囲気が夏の懶惰な光にまじって漂っていた。

私は足のおもむくまま種々な界隈を歩いた。少年が街路樹の影にうずくまり無花果を売っていたり、安物を売る露店のあいだには、羊の肉を焼く匂いが漂ってくる。私の方で人々を眺めると同じように、人々は珍らしげに黄色人種を黒い大きな眸で追っていた。多くの視線でくもの巣のように包囲されているのは初めのうちはかなり苦痛だった。そして、それを避けるためにショーウィンドーをのぞきこむと、そこには例外なく日本製品があふれていた。伝統的に西欧諸国、そして現在ではソ連邦との関係のふかいシリアにもMade in Japanが浸透しつつあった。

もっとも、そんなことよりも、私にとっては骨董屋をのぞく方がはるかに楽しかった。何かを買うにしては私は貧しすぎるが、埃っぽい骨董屋の棚には過去の生活からの奇跡的な漂着物たちが人待ち顔に並んでいるからだった。三日月形の剣、ペルシャ絨緞、ローマ時代のガラス器、青銅の小像、そしてたまには古い金泥のイコンなどが手にすれば遠い日を語りだすかのようだった。いつも立ち去るのは人間である。こんな風に気ままに歩いて渇きをおぼえると、脆い肉体をもった人間たる私はグレープフルーツをしぼったジュースを立飲みした。

……ついにダマスカスを去る日が来た。

妻の故郷であるシリア第二の街、古都アレッポへはカルナックという会社の高速バスにのることにした。全部が指定席制で、この国では珍しく定刻どおり発着するという、そのメルセデス製のバスは、他の長距離バスに較べるとひときわ清潔で現代的だった。ダマスカス北方三百数十キロのアレッポへは五時間ほどかかる。私たちの脇で待っていた一家族が、「むかしは良かった。指定席の切符など買わなくて良かったし、遅れても発車の時刻を待ってくれたものだった。」という会話に妻が吹きだしていたが、開発途上国がいわゆるテイク・オフする難しさがどこにあるか暗示しているようだった。

あたかも醜聞さながら、バスは定刻どおり出発した。しばらくは首都の街路樹のある大通りを走った後、いつしか車窓に流れさる光景はふたたび曠野になっていた。ただ、ダマスカス南方のみるからに痩せた火山礫の荒野とことなり、なだらかな白い傾斜がつづくそこは灌漑用水さえ引かれれば沃野になるとさえ思われ、小規模ながら植林の試みも散見された。けれど赤裸の太陽と雲のない吹きぬけ天井のような青空、そして大地だけの風景は旅行者にとってかなり退屈なものだった。それでもはじめのうちは、山の斜面に放たれている羊の群や、四角の灰色の石をばらまいたような村々を珍らしがっていたが、いつしか西陽をさけてカーテンを引き、眠りかけている多くの乗客のように私もまた無関心に沈んで行った。

思いもよらなかった中東への旅は私の運命がもたらした縁であった。人が主体的に、全てを熟慮し、一つの行為を選んだと思っている時、実は測りがたい深みで運命が我々を選びとり、包囲しているのだ。俗な言葉でいえば明暗がどの人生の角にもあるという千古の認識を新たにしたにすぎないのだが、シリアの曠地を人の情にひかれてひた走る私にはそれがより一層鮮やかに見えた。しかも情の絆が人を万里をも走らせるとは蜘蛛の糸が石をひきずるようなもので、この事実に私自身呆れていた。そしてこんな時ほど人の行為の動機が不思議に思われたことはなかった。たしかに、レバノンやフランスでの生活の長い妻にしてみれば、今回の帰郷が年老いた両親と共にすごせる最後の時となるかも知れなかった。そう思えば、何もみるべきもののない荒野に、石や山と同じように情の世界が堅固に存在しているかのようであった。故郷らしきものを日本で持ったことがなく、情の絆を不信の目でしか眺めなかった薄情の私にとってはそれはほぼ発見に等しいものであった。いままで、電子計算機のような冷徹な正確さに憧れていた私に、曠野での疾走が何ものかをとかせて、新しい血液がしびれた神経をほぐすように流れはじめているのを自覚していた。それはバスの中でさきほどから鳴っているエジプトの人気歌手ファイルーズの歌の感傷的なひびきに刺戟されたばかりではなかった。こんな遠いアレッポもかえって故郷らしくていいじゃあないか、と私は呟いていた。

バスが中間の街ホムスに到着すると、乗客たちはカッフェに行って十五分ほど休憩した。緑の多い公園には屋台が並び、多くの人々が夕暮の散歩を楽しんでいた。

そこからふたたび曠野にのりだし、有名なオロント河を渡って、もっとも保守的だといわれる回教徒の街ハマにさしかかる頃になると、夕暮が急速にその影をひろげはじめていた。赤銅に染まった夕陽が地平に暗くはしる稜線に落ち、ライト・ブルーにかわりはじめた西空にいつともなしに宵の明星が白く輝きだしていた。闇をためた山ふところに明滅する村落のともしびの上に、その夕べの挨拶の星、羊飼いの星がひときわ強く煌き、いかにもそこは大陸であった。そして、聖書時代の人々が仰ぎみたその星が、高熱の物質の塊でしかないとしても、私の死後にさえもいささかも衰えることなく輝きつづけるのだと思うと、素朴な嬉しさを感じるのだった。死霊として私が星になることはあるまい。だが、私の立ち去った地上に明星が輝いているとすれば、明星について語ることは重要であるにちがいない。もしかすると、こうした方法によってしか、人は永遠に参加することができないのかも知れないのだから。人の心がただかりそめの生命をさえ不安から救いだせない時、明星が達しえない高みで永遠に属していると思うと、私の心はアシッシュを吸ってアラブ語でいうキーフ（恍惚境）におちたように鎮静し、平和だった。

もっとも、その心の平和は非人間的なものであったかも知れない。なぜなら、その一種の放心状態では人類の運命も視野の外に消えて、ただ宇宙の意志が善であれば満足できたからだった。「インシャッラ」である。おそらく、十九世紀フランスの詩人であり、神秘家でもあったエリファス・レヴィが「万物照応」と題された詩篇のなかで、「この世界は神の夢想だ。」とうたっている至福はこんな状態ではないかと思われた。そして、その巨大な神の夢想のなかを、毛虫のように水平に歩きまわって、ついに神に出会うことができないと誰が断言できるであろうか。私はなかば大真面目でこんな子供じみた想いに捉われていたのだった。あいかわらず、バスの進路につれて、真横に、あるいは前方に移動しながらついてくる明星が美しかった。私はまったく受身となって静寂につつまれ、夜の路をつっぱしるエンジンの唸りを聞いていた。

アレッポへのハイウェイの入口は偶然フランス滞在中、映画館で見たことがあった。けれど夜のためもあって、よく並木の繁ったハイウェイの趣きは同じではなかった。妻はすでに幼な友だちが住む宏大な領地をみとめていた。ついに旅の引き返し点に達したのだった。

トルコ国境にほどちかく、ユーフラテス河から引いてきた水を飲むというアレッポはダマスカスに較べて古都らしい落着きをたたえていた。かつて、現在のサウジ・アラビアからイスラムが怒濤のようにおしよせるまでは、アレッポ周辺は正統派キリスト教徒（救世主を「神の子」と信じる。）が住んでおり、多くのキリスト教の遺跡が点在していると同時に、今でも信者は少なくない。遠い過去に、イランから移住してきたという妻の実家もそうした伝統を守るカトリック教徒の旧家なのだった。

アレッポの街に到着したのは夜の九時頃であった。乾いた夜が建物をつつみ、強い夜風が涼しかったが、鈍くひかるアスファルトには紙屑が踊っていた。

バスが停車すると、肌の浅黒い、瞳の大きな少年たちが群がってきて、乗客のトランクを運んで駄賃をもらおうと争っていた。この光景は、かつて十年ほど前まではキリスト教の伝統がつよく、西洋的教養を身につけた階級が牛耳っていたアレッポも、今はアラブの街であることを告げている。商工業を掌中にしていたその階級は社会主義や軍政を嫌って、多くはベイルートに移って行き、アレッポはさながら『桜の園』の終幕のようにさびれたのだ。それにかわって村人の流入がはげしく、社会的訓練をうけていない民衆は、おそらくシリアでもっとも美しいその街を汚してしまいがちなのだ。アレッポもまたこの国の歴史の変転期を生きているのだった。私たちは妻の姉夫婦に迎えられ、タクシーで実家へと向った。

アレッポの中心街にある妻の両親の家では、テーブルに御馳走がならび、人々は地酒アラックの盃をあげて、「アハラン・ワ・サハラン」「ア・ヴォートル・サンテ」「乾盃」などをくりかえしつつ、再会や初対面を祝った。かつては金糸工業を所有していた妻の実家も「桜の園」組といえるだろうが、そこに斜陽の悲哀はなく、皆フランス語を喋りつつ、夜のふけるのも忘れ、賑やかな会話が打ち上げ花火のように続いていった。このような一族再会の常として、私たちが部屋にひきとったのは午前三時、窓には皎々たる月が大きく懸っていた。

目的地に無事ついた安堵の中で、私は眼をとじてベッドの上で、頭に世界地図をひろげて自分のいる所にマークをつけてみた。それは「絹の道」の西端にあたった。はるか昔、このあたりから駱駝の背にのせられて出立した品物が正倉院御物の中にあるはずだったが、現在でもそれは気の遠くなるような距離だった。そしてもし、何らかの理由で交通が麻痺した場合、はじめてそこに横たわる山河がいかに越えがたい障害であるかを認めるだろうと思った。そんな時にこそ、私の心にもかつてフランスに駐屯したスイス兵が食欲もなく弱っていったという不思議な病気、ノスタルジアに深く捉われるのだろうと思った。こんな思いのためか、その夜みた私の夢は迷彩をほどこした光景のように不安に膨れ上っていた。

空襲の夢だった。

ファントム戦闘機が文明の悪意をむきだしにした鮫の一群のように襲来し、赤々と炎上する街の中を必死で逃げまどう厭な夢だった。しかもその夢は、記憶するかぎりこの世で私が最初にみた夢でもあった。ただ夢の中に乱舞するのはファントムではなく、B29であったが……。私は妻の手を引いて、崩れ落ちる赤い壁の横を走っていたが、まるで故意に私たちを狙うかのように戦闘機が音もたてず急降下してくるのだった。歴史の暴力の前で、一個の物体として追われる恐怖が私を寝苦しくした。多分、それはダマスカス南方への旅で無意識のうちにたまった緊張が原因かも知れなかったが、むしろ二十世紀がたえることのない戦火の兇々しい頁《ページ》で埋められていることの、遠い反映であったのだろう。このような不吉な夢で第一夜をむかえたアレッポで、私は約三週間弱滞在することになった。

太陽はいつも烈しく光の矢をアレッポの街に射かけていた。朝遅く目をさまし、アラブのコーヒーを飲み、暑い間は部屋の中で本を読んだり、すぎ去った多くの夏のことを思ったりしていた。夕刻になると緑陰を求めて外出し、アレッポ特有の涼風に吹かれて、野外のレストランで満天の星をあおぎながら、羊料理を食べた。旅心もようやく定まったのだった。

アレッポに帰省中のF君はフランスで経済計画の博士号を準備している青年で、ニース時代からの友人だった。快活で飾り気のない彼を気に入っていたので、アレッポでの再会は嬉しい出来事だった。結婚しようかしまいか左右に揺れている一人息子の彼をさんざん揶揄したものだったが、ある日、その彼とつれだって、アレッポの城塞を見物に出かけた。

小高い丘にある歴史的に名高いその城塞は、パゾリーニが『王女メディア』の野外撮影にもつかったとかいう場所で、多くの民族が攻防をくりかえした舞台であった。涸れた壕にめぐらされた、巨大な築山のような城塞へは石積みの橋を渡ってゆく。入口の門の上には二匹の交尾する（?）蛇があしらわれ、「勝者は笑い、敗者は泣く。」というひどく超然と無常をさとったような言葉がアラブ文字で刻まれている。ひとたび門をくぐると、強い陽差しになれた目は盲いてしまうほど、内部は暗く、私たちは壁を手さぐりしながら進んだ。小麦を貯蔵する地下の庫、礼拝堂、そして貴重な井戸、さらには二度と脱れることのできない牢獄が深淵のように開いていた。城塞は人間生活の縮図であった。

突然、廃墟にさほど関心のないらしいF君はふと思い出したように問いかけてきた。

「シリアの印象はどうかね。とにかくごらんのとおりの低開発国だからねぇ?」

この問いを幾分私が怖れていたのも事実だった。異国趣味とか個人的関心とかで接する領域をこえて、一国の現実を語るのは難しい。現実の仕組みをよく知らないという旅行者の特権が、同国人よりも、言辞を自由にし、急進的にさえするからだ。けれど、親しい間柄の彼に御世辞をいう必要もなかった。実際、開発途上国のなかでもシリアは決して悪い方ではないのだから。

「ダマスカスよりアレッポの方がずっと好きだよ。国境閉鎖で立往生した旅行者のためか、ダマスカスは随分混沌としていた。」

「不思議に外国人は皆そう云うね。どうしてかな。」

「多分、アレッポには古都の伝統があるからだろう。しかもアレッポは美人の産地だっていうぜ。」

「だから、日本人たる君が抜け目なく眼をつけたわけか。」

「いや、それは濡れ衣だよ。」

私たちは屈託なく笑った。F君もまた夏の終りにこの街のある娘と婚約する決心をしていたからだった。

「個人的な印象では、近代化への道とか経済構造の改革はまだ時間がかかると思ったよ。現在のように国家予算の大半が軍備に流れている状況では早急に多くは望めまい。ただ現代は、金さえあって、人々が知識をもっていれば、高度の技術を習得するのにそれほど時間はいらないだろう。要は教育の普及ではないだろうか。その点、シリアはアラブ諸国のなかで頭脳流出が問題になるほど知的水準が高いじゃないか。その上、肌で感じてみて思ったが、ここの人々は親切だし、正直だよ。」

「たしかに我々の経済は悪条件にかかわらず均衡もとれているし、自給自足も可能だ。エジプトのような人口問題も今のところそれほど心配はない。そして、ユーフラテスのダムとか幹線道路といった基礎構造に力をそそいでいるのも事実だ。

ただね、君の言葉は嬉しいのだが、民衆の意識改革となるとまだまだなんだ。僕だってふとニースに早く帰りたくなる時がある。人々の伝統的なメンタリティの中で生きているのが苦痛になってくるんだ。」

たしかにこの国では若い知識階級は砂漠の塩となる覚悟がいる。それは貴い仕事にはちがいないが、また大きな犠牲を甘受することでもあろう。そこに当然躊躇があり、良心の葛藤が生じることは、旅行者でしかない私にも良く理解できた。フランスに帰化したシリアの知識人も少なくないのだ。己の仕事がもっとも理解され、正当に評価される所に住むということは幸福の条件である。そして、その個人的幸福への願望が国籍をかえる結果を導いたとしても、単純に非難することはできない。けれど、私の口をついて出た言葉はまさにその反対だった。

「だが、たとえばの話だが、僕が日本に帰らなくても、日本にとって何の損失でもないわけだ。けれど、この国には君たちが必要なのではないか。」

こう答えながら、私の胸のうちに、蟻塚にた東京の慌しい街路を異邦人のように疲れた足をひきずっている自分をみた。どこにも属することのない一箇の意識が、倨傲のためかあるいは恐怖のためにか、ひどく孤立した生活を送っている様を思い出していた。そこには現実に何の基盤をもたない独身者の生活があり、一様に黒いコートを制服のようにまとった群衆の中で、都会の煙霧に充血した西陽にもにた危機感だけが明瞭だった。煤けた生コンクリートの醜い街、そこにいる海の漂流物のように頼りない哀れな魂たちに、私はなぜはげしい敵意を抱いていたのだろうか。彼等もまた陰険な、そして矮小なエゴイストであり、全ての者が（私をもふくめて）非人間的な機構をささえているのだった。多分、いつの日か神聖な審判の日に、この非人間的な現実の証人となるというもっとも後退した立場に私はすがっていたかも知れず、それすらも滑稽にして、誇り高き騎士ドン・キホーテのものでしかないこともまた私は知っていた。こうした暗い絵がアレッポにいる私の心に一瞬閃めいたのだった。

F君は私の言葉に一抹の苦味を感じたのか、しばらくの間、黙っていた。

「これがアレッポの街だ。」

猛烈な炎暑の手を背に感じながら、壊れた巨石がごろごろつみ重なっている城塞の高みから、世界でも最古の街に属するアレッポの街を眺望した。それは予想をこえた物珍らしい光景だった。

およそ百万の人口を擁し、なだらかな丘陵の斜面に曠野と同じ色をした四、五階の建物がごたごたと遠くへひろがっている。つまり豊かな石材をもつアレッポは、アッシリアの昔より、石で宮殿を建立し、石に彫刻する文化を育てたのだった。その意味ではアレッポと西欧にはひとつの連続性があると思われた。光と闇との対照がはげしい堅固な石の文化である。けれど、街の姿をよくみれば、そこがヨーロッパでないことがしだいに明瞭になってくる。灰褐色の屋並に幾本も空につきだしたモスケの塔がまぎれもなくオリエントの街であることを告げている。ヨーロッパの街の幾何学的秩序、たとえばカンパネルッラがユートピアに不可欠のものとした秩序への志向は中心部にうかがわれるだけであった。バザーの賑いだとか、食物の匂い、路に椅子をもちだして涼む人々の間を走りぬけてゆく子供たちの叫喚、それらが渾然一体となった空間にちかく、その意味ではむしろアジア的でさえあった。ただそこにはアジアの鬱陶しい樹木が存在しなかった。強すぎる太陽の光がすべてを漂白させてしまう一種の苛酷さだけが印象的だった。

城塞見物には私たち以外にも若いフランス人やドイツ人の旅行者がいた。けれど城塞を案内したガイドは、私たちに特別の好意を示していた。普通には見せてくれない純アラブ様式の大広間があるのだと耳打ちして、他の旅行者が先に帰るまで待っていろ、と私たちを暗い抜け道に隠してしまったほどだった。このような好意が漠然たる親日感情から来ているのは多くの体験が教えてくれていた。憎っくきアメリカに戦いをいどんだ日本という、いかにもアラブ的感傷の表現である。ともあれ、ガイドの好意で私たちはマッチをすって足元を照らしながらその抜け道を進むと、ダマスカス美術館で見たものと比肩しうる美しいアラブ様式の広間へと導かれたのだった。

天井は杉の木による浮彫りでおおわれ、そこから重々しく吊られているシャンデリアは直線を組みあわせた実に力強い形をしている。どこまでも人間の形象から離れることのない西欧キリスト教世界とことなり、その広間の装飾の原理は抽象であった。人間が美の対象となるには、回教の世界では人間の地位が低すぎるのだろうか。このあたりは知識に欠ける私には判断しかねる問題だったが、感覚的にはちょうどモスケで認めたような清潔さが印象的であった。

この瞬間、アラブの精神の中に、繊細と鈍重という差こそあれ、どこか日本の伝統とふれあう所があるように直観された。全体からみればそれはごく微細な予想外のものなのだが、西欧化されていない部分、つまり後進性と一般によばれているものの中にかいまみられるのだ。その広間の清潔さは日本の伝統的室内での感覚を想い出させるのだった。そういえば、かつてアラブの人々は椅子に座るのではなく、腰を下して片膝を立てた姿勢で休息したのだった。

F君との城塞見物が終ったあとも、この発見は今までまったく異質としか考えられなかったアラブの生活に新しい視線を投げかけるきっかけとなった。その後、訪ねることになったアラブの公衆浴場は、番台といい、身体を外で洗い、湯でよごれを流しおとすシステムといい、呆れるほど日本のそれと似ていた。さらに、古いアラブの生活には、形こそことなっているが下駄に似た履物さえある。西欧化が文明の尺度となる以前の生活にどこか似ている部分が心理的にもあるのかも知れない。

このような類似はアラブ料理にも見られるように思われた。金糸の縫いとりをした美しいテーブルクロースの上に、所狭しと運ばれてくる無数の小皿はどこから手をつけてもかまわないのだ。西洋料理の順序に慣れた者の眼にはそれは一寸した異変である。メッゼという客をもてなす最高の料理とて同じことで、丁度日本の魚料理のように、あらゆる方法で調理された羊の肉を、松の木の実、落花生を薄くしたようなピスタッシュ、胡桃、ハッカの葉などと、いわば砂漠の幸をつつくのである。この料理の観念ははなはだしく西洋とことなっているのだ。こうした所からも察せられるように、曠野にはそれなりの独自の文化があるだけに、近代と同義語であるヨーロッパ文明との邂逅は厳しい模索の時になると思われた。

いや、その時はすでに始まっているといってよいだろう。西洋からみて後進の位置にある民族は（日本もそうであった。）その近代化の過程で欧米を模倣せざるをえないが、さらにそこから抜けだし、新しい独自の文明まで歩いてゆかねばならない宿命を背負っている。アラブの知識階級の人々はF君のようにそのことに気づきつつ焦っている。たしかに技術には国境はないが、魂の問題となるとそうはいかない。アラブの人々には本当に瑞々しい感性があって、先進文明国で失われてしまったより自然にちかい、悪くいえば田舎臭いともいえるが、豊かな感情の世界があるようだ。

六、「桜の園」の美少女

こうして次第に旅心が定まるにつれて、シリアの人々がふと見せるウスバカゲロウのように繊細で瑞々しい感性に心うばわれることがあった。不思議なことに、旅をしてみるとむしろ貧しい国々の人の方が情に篤いことがよく分るのだが、貧困が悲惨をうむと同様に、富の追求は瑞々しい血を荒してしまうのも事実のようである。だからシリアでそうした美しいものに出会うと、私の心は感傷的になった。シニスムと感傷とが共存する私の混乱はシリアの旅でことあるごとにくりかえされたのだった。最初そんな瑞々しい感性に接したのはダマスカス滞在中のある夜のことだった。私たちが大変御世話になったある夫妻に招かれ、樹の多い公園の一角にもうけられた野外レストランに座っていた。四十度をこえたろうと思われる昼の暑熱も嘘のように消えて、夜風は背広をきていてもなお涼しく感じられるほどだった。ギリシャ人の夫人はショールを裸の肩にかけていた。この国の人々にとって車座になって賑やかなお喋りをする歓楽の時刻であった。

　野外にテーブルを並べたそのレストランにも半円形の舞台がつくられ、電気オルガンの喧ましいリズムにあわせて、ゴーゴーダンスに興じる若い人々がいた。けれど、暴力的な音響のためもあって、ポルト酒ににたアラックを飲みながら、私は苦虫を嚙みつぶしていた。臨戦態勢下にあるシリアの若者が西欧風スノビズムを真似て、ゴーゴーダンスを踊っているのは哀れな光景である、と野暮なことを思っていたのだ。実は臨戦態勢にあるからこそ人々ははけ口を求めていると云った方が正しいのであろう。

　ところが、いかにもフォークロアを想わせる男三人と小柄な娘一人が舞台で踊りはじめた時から、私は一切の不愉快を忘れてしまったのだった。

　踊り手たちはみな黒いブーツをはき、肩を組みあいながら一列となり、寄せては押しかえす波のようにステップを踏むのである。幾分ロシア舞踊ににた動きの大きいそのダンスが果して純粋なシリアのフォークロアであるのか分らないものの、私にはそれがこの国の村々での自然な表現につながっているように見えた。はじける木の実のような野辺の喜びが、清らかな官能性とともに、その踊りに漂っていたからだ。

薄緑色のブラウスに金色の首飾りをひらめかせ、黒い帯をまいた小柄な娘は、男たちが潮のようにひいて行った空間に、片手を天にのばし、一方の手を当てがった腰をはねあげるようにしながら踊りでてきた。背後には、音階が約半音ことなる東方のメロディにあわせて、詩を歌う者が立っている。娘はステップを踏みながら独楽のように廻り、あるいは左右に風になびく若草のように揺れた。

それは萌えいずる可憐な人生の表現であった。

黒い眸に優しい微笑をたたえた面《おもて》をリズムにあわせて強くかしげるたびに、長い黒髪が左右にとんだ。背後の樹の上には月がかかって、まるでその踊りを中心に自然が親和的情感につつまれたかのようであった。ネルヴァルが東方を求めたのもむべなるかな、である。中世の画家たちが稚拙な筆で、鳥をとばせ、花を咲かせた喜びの画面さながらに、野の香りにつつまれた世界は私には忘れさられたものだった。そしてもし曠野というものが、何一つ余計なものを人に与えぬことによって、人の魂を純化し感じやすくするフィルターのような環境だとしたら、かつて預言者が野に出たのは正しかったのだろう、そこは生命の泉にもっとも近い場所かも知れぬ、とその素朴な踊りを眺めながら思ったものだった。

こうした貴重な瑞々しい感受性をもった魂にふたたびアレッポで出会うことになった時、とかく沈み勝ちだった旅の日々は救われるかのようだった。十四歳のカテリーヌは私にとって義理の姪にあたったが、さしずめ鄙にはまれなという形容がふさわしい美しい少女だった。頰をほんのりと赤くした色白の彼女は二重瞼に灰緑色の澄んだ目をしていて、さながら可憐な小鹿のようなほっそりした容姿をしていた。最近まで部屋をわかちあっていた姉がベイルートで結婚して以来、急にもの寂しくなったカテリーヌは所在なさに祖父母の家によく遊びにきて、客の多い時などには露台にコーヒーやアイスクリームを運んだりしていた。そして、私に暇がありそうだと思うと、語尾をひきのばした歌うようなフランス語で電話をよくかけてきた。この驕りを知らぬ美少女は毎日古雑誌をひっくり返して、芸者の国のことを調べてくる優しい心根の少女でもあったので、一緒にアレッポの街を散歩するのは楽しかった。一生懸命散歩の道筋を考えて、あれこれと説明する彼女はその無垢の美しさで私を眩しがらせた。

ひとたび街路に出ると、

「歩きつかれたら、正直にそう云うと約束して下さいね。そうしたらタクシーで帰りましょう。」と、その少女らしい容姿にもかかわらず、母性を生来授かったような細かい気の配り方をするのだった。その心使いに従っている私は無邪気な世界を歩いているといえたかも知れない。そして、栗色の髪をし、大きな澄んだ眼をした彼女は若者たちに崇拝ににた愛を吹きこむにちがいないと思いつつ、おのれの娘を誇り溺愛する父親ににた得意を感じている自分がおかしかった。たしかに少女の美は時分の花であって、ロダンによるともっとも娘が美しい時期は数ヶ月ほども続かないのだと怖ろしいことを語っている。多分、カテリーヌもそうとは知らず、朝露のような美の儚い瞬間を通過しているのかも知れない。だからこそ、美は私たちを世界の神秘にまで誘いこむ力をもつと同時に、危うくいつ失われるか知れない怖れをもかきたてるのだろう。魂の精妙な秩序たる美は現実にはあらわれることの少ない調和として人を動かす。私は脇を歩いているカテリーヌがこの世の悪を知ってほしくないような、一面ではエゴイスティックな気持を味わっていた。

　その上、アラブの人々の心に悲恋の象徴として記憶されている八世紀の詩人マジヌーン・ライラが慕っていたのはカテリーヌのような美少女であったにちがいないと、私は勝手にきめこんでいた。というのは、その詩人カイス・イブン・アルムーラワ（マジヌーン・ライラは「ライラに恋こがれて」という意味の仇名）は幼馴染であったライラを「胸が円やかに」なりはじめた頃から慕っていたが、彼女の父親の受け入れるところとはならず、その後はライラを失った悲しみに狂い、野を幻に憑かれて亡霊のように彷徨ったと語り伝えられているからだった。おそらく、その詩人はその美少女を通して、この世にありうるもっとも善きものの楽園をみていたのだろう。女性は望むと望まざるとにかかわらず、今ひとつの生を男の想像界で送っていると別の詩人が語っているではないか。そして、アルムーラワは「私のただひとつの祈り」のなかで苦しい慕情をこんな風に歌っている。

メッカの
聖なる祭壇のまわりに
罪人たちは過ちの許しを求め
己の苦しみをのぞいてくれるよう
神にむかって哀願している。

私はといえば、ああ、慈悲深い神よ、
私のまず最初のお願いは
ライラ！　なのですと叫んでいた
あなたが彼女をお守り下さるようにと。

（一、二節　仏語より重訳）

理想へと誘う美によって慕情をえた詩人は、ライラを失うことがおのれの世界の崩壊であることを知って、野に山に、そして曠野に、幻影を執拗に追ったのだと思うと哀れだった。勿論のこと、こうした伝説の真偽は不明だが、「私はライラに難破し、現世の富が破片にしか見えない。」とうたう詩人は恋で駄目になった男である。けれど、彼の心を照らす美の肖像はかぎりない犠牲をやすやすと引きうけさせて、美に憧れる心をもっともエゴイスムから遠い岸辺に運んでしまうのも自明だろう。だからこそ愛する者は滅びるのである。果して涸れ谷《ワジ》でこの詩人がライラに再会しえたかどうか、もうそれは伝説の領域である。

　八世紀の哀れな詩人の抱いたであろう面影をカテリーヌの中に二重写しにしてみるのは私の密かな楽しみであった。それほど利発なこの少女は美しく、私の優しさを引きだすのだった。だが、彼女にとってもアレッポでは珍らしい日本人などと散歩しているのはいささか得意であるに相違ない。

「ほらさっきすれちがった人たちね、日本人とフランス人が歩いているって噂していたわよ。」と、茶目気を出して、市民公園の中で囁いた。たしかに濃い髭をもった浅黒い人々や、粗末な服をきた子供たちの中で、色白の彼女はとても同国人とはみえず、カテリーヌもまたさびれていったアレッポの「桜の園」の末裔であることを示していた。実際、彼女の通っていたミッション・スクールも閉鎖され、滔々たるアラブ化の波にキリスト教徒である彼女もまきこまれているのだった。

「ギリシャ教会のミサに行ってみましょう。お坊さんたちがとってもきれいに歌うんです。」

中世の界隈を思わせる狭い路に面したギリシャ教会では夕べのミサの黄色い灯がともっていた。そして日々信仰をたしかなものとする集会に、善男善女が合掌をし、久しぶりにキリストの十字架とマリア像を見たのだった。そして、年老いた僧のうたう声につれて、一人の僧侶が香炉を左右にふりつつ、何ともいえない香りを残して、信者の間を歩いて行った。四周には多くのかなりよい絵がかけられてあったが、説明はみなアラブ語であった。聞くところでは長いオスマン・トルコの支配の間、アラブ語の純粋さを守ったのはキリスト教の修道院だという。私はしばらくの間、その実に鄙びた祈りの光景をどの立派なカテドラルのミサよりも印象深く眺めていた。本当の祈りとはつつましいものである筈だ。

こうした散歩の帰途、カテリーヌは喫茶店に立ちよってアレッポ特製のアイスクリームを御馳走すると提案した。そして、灯が輝きはじめた夕闇の中をコバルト色の胸までくるパンタロンをはいた彼女は優雅な舟のように私を案内していった。時々知りあいの人にであうと、まるで貴婦人のように挨拶している。ともかくアレッポの狭いキリスト教階級は皆知りあいなので、中心街を歩けば誰かに会ってしまうのだ。おそらく人々はカテリーヌの美しさをはやくも噂しているにちがいない。

やがて、街角の喫茶店に私を座らせると、およそどんぶりほどの容器にクリームと白いコンニャクのようなものがまじりあった名物をもってこさせた。ガラス窓の暗くなった外側には、貧しい街の少年たちが悲しみを湛えた黒い眼差しで、じっと可憐な美少女と異国の旅行者をみつめていた。カテリーヌは「口にあわなかったら残して下さいね。」と幾度も念をおすのだった。

たしかに、何か香料の入っているらしい名物をようやく半分口にはこぶのが精一杯で、私は十四歳の少女の言葉に甘えて、後半分を残してしまった。それをみていた彼女の灰緑色の眼が急に悲しそうに煌めいて曇った。しまったと思いつつ、何という繊細な心をもった少女であろうと、私はまことに感動したのだった。そして、八世紀の詩人が魂を捧げたのはカテリーヌと同じようにおだやかで気品のある美少女に相違あるまい、とふたたび勝手にきめこんでいた。

七、聖《サン》シメオン

アレッポでは多くの人々と夕べをすごす機会をもった。さすがここまでくると戦場の緊迫感はなく、竜のように夜空にのたうつ天の河をみながら、会話や踊りに興じる平和な市民生活が続いていた。けれど、私がおもに接したのは西欧で教育をうけた上層階級のクリスチャンで、皆一様にフランス語を喋るので意思疎通には困らなかった。フランス保護領であったこと、バース党の創設者たちがエマニュエル・ムーニエの影響をこうむっていることもあって、フランス語は伝統的に上層階級に生きるための条件だった。革命前のロシア宮廷のようなものだ。「あの方は立派なのだけど、フランス語ができないから、お嫁に行けないわ。」という取沙汰がかつてはありえたのだ、という。

人々は驚くほど開放的に私を迎えいれ、日本のことを聞かせてくれとか、日本人はどんな生活をしているのか問うてきた。けれど、これはシリアに限ったことではないが、人々はかならず「あなたの宗教は？」と尋ねてくるのだった。一般的に日本人は無神論者《アテ》ではなく、自由思想家《リーブル・パンスール》で、伝統的には仏教と神道である。そして、私も自由思想家に属するが、プロテスタントの家に育った影響はあろうし、宗教に無関心ではない位の答えしかできないのであった。けれど、かれらにとって私がキリスト教徒の家に育ったことは大切なのであった。それは単にキリスト教徒が世界のどこにいようとキリストを崇めるということだけではなく、それがまた文明の宗教でもあったからなのだ。明治時代において、キリスト教徒たることは近代文明に属することを意味したのと同様に、アレッポのキリスト教徒の文明化した生活と回教徒の伝統的生活とは大きな距りがあった。

アレッポのそうした人々もアラブ化の波でモスケが次々に建ち、彼等の伝統的界隈に回教徒が入ってくるのを困惑の目差しで眺めていた。それは彼等の階級がますます少数者になってゆく日々の明証であり、いずれは大きな決心が必要とされることを予告するものであった。

　信仰に篤いということはひどく美しいと同時に困った事柄である。だが知性だけで人生に対処しようとも思えない。一人の無垢の子供が銃弾で倒れるのは神を疑わせる。こうした現実の不条理が神から顔をそむけさせることは多い。けれど、それでも神の正義を信じうる信仰がある時、知性は苛立つ。私たちはどちらかといえば苛立つ方の感性をもっているので、『サン・ペテルスブルクの夜話』におけるジョセフ・ド・メーストルの護教論などを常軌を逸したものと思うのだが、まったくの信仰者には地上の不条理こそ神の存在を逆証明するらしい。私はある深い信仰心をもっている夫人と語った時、自分がデモンの理窟を展開しているような厭な気持におそわれたのだった。実際、神に出会いたいという気持と、地上の悪の神秘は私の手にあまる問題だった。「大抵、天使は歴史の残虐非道を空の上で、ラッパを吹きながら眺めているだけですがね。」と私は少々皮肉になっていたが、それは私が信仰者の安泰に嫉妬していたのである。深く信仰する魂が苦悩しないというのは私には理解できなかったからだ。

　その反動というわけでもないが、純然たるアラブの階層に育った若い新聞記者と彼の利発で健全そうな婚約者とすごした夕べは、より民衆に近い声を聞くことができた。彼は物珍らしい日本人の旅行者にインタヴューするつもりだったのだが、一介の旅行者がおかしやすい短慮をさけるのが礼儀に思われたので私は丁重に断った。むしろそのおかげで私たちは夜の公園を散歩しながら、素直な会話をかわすことができた。キリスト教徒がシリアを愛しながらも批判的であるに較べ、その静かな青年の胸には民族と国家がより鮮明に、実践的に宿っていると云えた。

「我々の不幸な国はいまだ長い大国支配の時代を清算しきっていないのです。義務教育が必要な子供たちも貧しさから働かねばなりませんし、御覧のように民衆の衛生状態も改善しなければならないのです。しかも今はイスラエルとの紛争があります。『六日戦争』の敗北は我々の心を屈辱感で暗くしています。けれど、私はこの不幸な国のために何かをしたい、捨て石になってもいいと思っています。」

一度は回教を捨て、キリスト教徒になった彼の婚約者も同意見で、結局イスラムの文化伝統を背負った青年を選んだのであった。目の生き生きとした彼女はパリに行ったのだったが、そこで初めて自分がアラブに区分けされてしまう事態に気づき（西欧にはアンチ・セミティスムもあれば、アンチ・アラブもあるし、子供っぽい黄禍論もある。）、積極的にアラブ文化を研究する気になったという。そうした自覚は多くの外国で生活した人々に生じるもので、さして物珍らしくもないが、シリアには若い知識人の献身が、アラブの民衆の意識を転換するために、いくらでも必要なのである。さもなければ、第三世界の立ち遅れは取り戻しえないものになってしまうし、南北問題で怖ろしいのは、南と北の人々の生存に対する観念が全く異なってしまうということであろう。実際、粗末な服を着て、貧相な香りを漂わせる人々の人間性を認め、そうした人々が呼びおこす社会的良心を受けとめることは容易ではない。だが民族主義や第三世界の抗議が理性的に成熟したものばかりだとも云い切れないのだ。我々は永遠にエゴイストである。

……そろそろアレッポを旅立つ日が近づいてきた頃、恢復した体調もあって、トルコ国境に遠くない聖《サン》シメオンの廃墟へ行ってみようと思いたった。一日タクシーを借り、サンドイッチやコーヒーをつめた魔法瓶をたずさえて、私をふくめた五人連れの遠足であった。青いトンボの眼のようなサングラスをかけたカテリーヌも一緒についてきた。陽の高くならないうちにと、皆午前中に集って出発した。

アレッポの濃い緑が背後に消えてゆくと、たちまちそこには今では親しくなった曠野がひろがっていた。村外れの路傍に少年たちがうずくまり、通りすぎる車に無花果を売っている。そして村々には一本の塔がみえ、泥をかためて造ったらしい乳房のような円い屋根が多く見られた。そのうち、人ッ子一人いない砂礫でおおわれた丘陵地帯に入ると、風がひときわ烈しく吹いて、私たちがローマ人の造ったという道路におりたつや、髪が乱れた。二本の轍のあとがくぼんでいる美事な石畳の路で、紀元前の土木工事であろう。パルミール帝国をはじめ、フラウィウス・ヨセフスやシモン・バル・コクバ等のユダヤ教団の反乱（ユダヤ人にとっては独立戦争）をうちやぶったローマの軍勢がこの道を駆けたのかも知れない。

起伏の多い白い大地をさらに北に向ってゆくと、大地には石積みの塀が所有地を示してうねうねと延び、丘の中腹には点々と羊の群がみえる。四角な平たい尾をもつこの地方の羊は、何も食むものがないような痩せた大地に平和に群れ、番犬と一緒に水飲み場の方へのろのろと降りて行った。「我は羊飼いなり。」という比喩はここでは日常の属目の世界のものだった。そして、この鄙びた地方に古代キリスト教の僧院がうちすてられたまま荒廃していると聞いていた。私たちが訪れようとする聖《サン》シメオンの遺跡もその一つで、今世紀になって考古学者によって発見されたものだった。

紀元数世紀、まだゴルゴタの丘で刑死した若き預言者の面影が人々の記憶に鮮かだった頃のことであろう。この地方の修道僧であったシメオンはある一時期を境として、丘の上にあった円柱に登り、そこでおよそ四十年生活したというのである。つまり彼は柱頭行者であった。そして彼の高徳を慕って集う信者に向って、円柱の上から説教したというのだからまさにその声は「荒野に呼ばわる声」であったにちがいない。この柱頭行者の話をはじめて聞いた時、何ともはや滑稽に思われたのだが、思えば聖《サン》シメオンもまた曠野の夜を善きものと知っていたのであろう。あるいは曠野に、あるいは深山幽谷に脱れる所に宗教的瞑想がはじまるというのは、寂寞の中で耳を澄まさねば聞えぬ美しい韻律があるということなのだ。いやその美しい韻律はただ清水の音、大地を駆けぬける風の音にすぎないのかも知れない。いやそれは魂の遠い記憶、孤独な精神のオピウムなのかも知れない。けれど瞑想者の痩せた胸には生の原型への意志がつらぬかれているのは確かであろう。そこへ還るのは永遠の泉へ至ることだ。おそらく、人は初めから神の声を聞いて預言者となるのではなく、その泉へ還ろうとする小径で神の言葉をひろうのであろう。いや、これもまた聖《サン》シメオンにかこつけた私の勝手な夢にすぎないのかも知れない。柱頭行者聖《サン》シメオンはただ星辰により近い所へ登りたかっただけかも知れない。なぜなら、このあたりの星空は宝石をビロードにはめこんだように豪奢なのだから。

聖《サン》シメオンの遺跡は島のように孤立した白っぽい丘の上にあった。かつては、一の門、二の門、三の門と、ふもとにあった宿場から巡礼たちが登ってきたのだという。いわば空也の鉢叩きのような行列が遠路はるばるこの曠野にまでやって来たのであろう。ジョセフ・ド・メーストルの護教論に猜疑的になる私も、そうした素朴な信心の光景には胸が熱くなる。大地は常に不幸に充ちていたのだ。けれど今眼の前にする遺跡には宗教的栄耀のかげすらなく、疾風がトルコ方面からそのノーマンズ・ランドの灌木を鳴らせ、カテリーヌの栗色の髪をたちまち乱していった。

地震をうけた教会堂は天井も壁も崩れ落ち、発見されて聖《サン》シメオンの寺と分るまでは、荒れるにまかせ村童の遊び場であったらしい。けれど丘の台地には巨大な格子のような骨組みや、礼拝堂の数面が青空にのびていた。そして、いたる所にビザンチン教会の記章があり、その中に「初めにして終り」アルファとオメガのギリシャ文字が彫りこまれていた。崩れた円柱には葡萄の葉が螺旋状にきざまれていたり、モザイクで埋めつくされた床などからみると、往時には巨大で立派な教会であったのがわかる。それにしても、巡礼たちはわざわざ曠野を横切ってここまで来たのだろうか。もし宿場があり、修道院があったのだとすれば、その人々はどこに行ってしまったのか。死の姿がどこかに潜んでいる。白昼の光の中に死の世界が突出している。

　フランス語を話す若いガイドについてまわり、柱頭行者聖《サン》シメオンが暮したとされる巨大な台座や、洗礼に使われた水路、僧侶たちの墓などを羽虫を追いながら見てまわった。次第に私はこの廃墟が好きになっていったのだが、それは丘の頂にあって適度に教会堂が崩れているためだろうか、十八世紀のプレ・ロマンチックの絵描きたちが憂愁の快楽をこめて表現したポエジーが漂っていた。たぶん、詩は死に結びついているのだろう。いやもし現代の我々が形而上学的現実に対面する機会があるとすれば、それは死の神秘であろう。それは浪漫的反語の世界へ我々を導き、生を虚無化すると人々は考えたが、逆に、死の神秘は、日本の詩人がいみじくも歌っているように、我々の敵だか味方だか分らないものの、我々の生をより本来的な世界にひきもどすにちがいない。遠い中世のイメージに従って語れば、白馬にまたがった死の騎士が勝ちほこって通りすぎた後、神へ祈った敬虔な声も、堕落に驕った魂も消えさり、我々はただ時が黙過したことにしか気付かない。廃墟の詩はまさに、時が見えない手で、人の営みを風化させた痛みにあるのだ。実際、「万物流転、万物流転。」と呟いた哲学者は泣き顔をしていたというではないか。

あいかわらず、遺跡をかこむ灌木をざわめかせて、風が烈しく吹きまくっていた。ピロティ風の場所に立つと、紫色にかすむトルコ国境の山々まで人の営みの影すらもなく、風だけがひょうひょうと顔をうってくる。透明な刃のようなその風の何と美しいことか！　原始人のように自然に感情移入してゆく精神の動きを危険だと知らないわけではないが、そうして風の中に立ってみると、風もまた永遠からの使者とさえ思われる。その全てを吹きはらってしまうような風の中を、礼拝堂の外壁をみまわっていた時のことだった。

一匹の木菟《みみずく》が石壁の三角の崩れ目に住んでいるのを誰かが見つけたのだ。

「みてごらん、木菟がいるぞ。」

風に茶色の羽毛をさかだてている木菟は五メートルほどの高みで、我々の足音に耳をそばだてているかのように、時々首だけを動かしていた。人々は好んで考古学者を廃墟に住む木菟だと揶揄して呼ぶそうだが、むしろミネルヴァの故事にたがわず、その鳥は哲学者然としていた。三角の毛を頭の両側につきだした超然たるその姿を望遠レンズで覗いてみると、いかにも親しみが湧いてきて心が踊った。まるで翼ある哲学者はこんなことをぶつぶつとひとりごちているようだった。

「曠野の熱い風が俺の羽毛を気味のわるい愛撫のようにふれてゆく真昼、むかしこの大地をゆるがした騎馬隊の蹄の音もきこえてこない。教会堂の嗄れた鐘の音さえも、もうこうして何世紀生き続けてきたことか。ただ白昼の明るすぎる闇のなかで、汚らしいテントに眠るベドインよりも孤独な浅い眠りにうつらうつらしている。何もかもが真白だ。北からの風だけが、忠実な古代の白い巡礼のように、今日もこの聖《サン》シメオンの死んだ場所に訪れてくるばかり。

とはいえ、真白な闇のなかで盲いた俺の黄金の眼を祝福せねばなるまい。雲よりも儚く、湧いては消え、消えては湧く昼の風景を見なくてもすむからだ。夜と死の国から何一つ学ぶことができず、白昼夢の方へ追放されてしまった奴等、アニマル・ビペスが俺の静かな眠りを乱しにくるのだ。永遠に足りることを知らない奴等の欲望は虚無から虚無へ橋をかけようと休むこともない。だから二足獣の足音は野の蠅さながらにぶんぶんと喧しいのだ。

だが、俺は羊飼いの星が『お早よう』と西空に告げる頃、白く浅い夢から目覚めるというわけだ。その時、大地はすがすがしく、あまりの静寂がかつてここで祈った柱頭行者のか細い声を伝えてくるようだ。あの奇体な男は俺と同じように昼の王国を捨ててしまったが、今頃はイスタンブールの石室の中で永遠の夜を楽しんでいるだろう。ああ、それに反して今日も、俺の足元ではアニマル・ビペスがさわいでいる。俺の眠りを乱さないでほしいものだ。ああ、何もかもが真白だ、真白だ……。」

自由意志をもつことで限りなく呪われた人間の眼で、人間に対するよりも優しく、私はその木菟を じっと眺めていた。風吹きすさぶ廃墟でただひとり暮している木菟に出会うことが、旅の本当の目的であったかのようにさえ思われてくるのだった。

午後の太陽が暴君さながらにふたたび猛暑をはこんでくる頃、私たち五人連れは風に吹かれるように聖《サン》シメオンの丘を降った。二度と訪れることもないであろう古代巡礼の聖地を、人界に帰ってゆかねばならない悔いをもって、ふり返った時、白い丘は青空の下でおそろしい孤独の相貌をしていた。その孤独に私の魂はとどまりたいのか、あるいは脱れたいのか、私には分らなかった。一つの混乱が私を支配していた。やがて、車窓には貧しい村々が白日のもとに曝されて映っていた。村外れには、二本の向いあった石をもつ回教徒の墓地が続いていた。その墓は合掌する手を象徴しているそうである。

八、ベイルートに向って

部屋の鎧戸から幾筋もの光線が石の床に縞模様をつくっていた。方五、六メートルの部屋の壁には少女時代の妻がエルサレム（当時はヨルダン領だった。）で買ったという十字架が忘れ物のようにかかっていた。けだるい午後、額にじっとり汗をかきながら、私は旅が終りに近づいたのを、日付を塗りつぶしていった暦をみなくとも、明瞭に感知しはじめていた。一つの夢が途絶えたという朝方の、悔恨とも安心ともつかぬ複雑な気分と同じものが、私の心を捉えていたからだった。数ヶ月来、政治的理由で閉鎖されていたシリア、レバノン間の国境も再開され、ふいに戦争さえ勃発しなければ、どうやらことなくベイルートに辿りつけそうだ、ということも緊張をほぐした。そんなわけで、アラブの人々のようにいつしか昼寝する習慣になじんでいた。

夕暮ちかくになって、空を裂くように寺院からコラーンの高唱が響いてくると、アレッポの美術館に行ったり、バザーなどに出むいて銀細工などの土産物を捜した。フェニキヤ商人の子孫たちは中々まけようとしない。そして、シリアの旅で至るところ出会った少年たちがそこにも走り、叫んでいた。夕べの雑踏を分けて、モスケの側を通ると、黄色の灯の下で人々が頭を床にこすりつけて祈っていた。すでに親しいものとなった夕べの賑いが狭い路地にも感じられるのだった。散策に疲れた折りには公園前の喫茶店に入り、覚えたてのアラブ語で、

「イザムンケン、ハーティニ、ワーヘッド、アフェ」（珈琲を一杯下さい）

と云って、濃いコーヒーを飲んで休息した。公園の梢のむこうの茜色の空には常ながら羊飼いの星

が美しく煌めいており、人々は三々五々、白い長衣をひきずるようにしながら、散歩していた。公園には清涼水を売る男も、しきりにフラッシュを焚く街頭写真屋もいる。みかけの質素さをさしひけば、それは結局どの街でも出会う平凡な光景として映るのだった。もはや，最初に悩まされた異和感もうすれ、そのごくのんびりとした情景をかえって羨しげに私は眺めていた。かれらを支配しているのは時計が刻む時間ではなく、むしろ心の時だけがゆっくり自然とともに流れているかのようだった。こうした平和を楽しむ民衆が国際政治の影響から、いやでも戦闘心をかきたて、競争社会のなかに入ってゆかねばならないのは不幸なことだ。とはいえ、旅行者のあずかり知らぬ所で、かれらもきびしい現実にむきあっているのも確かであろう。かれらとて中世的な魂の世界が大きく傷ついたのを知らないはずはないのだから。

ある夜、残った昼の暑さとコーヒーのため眠られぬままベッドでのたうっていた。一種の拒絶反応のようなものが生じ、不安の波が意識を暗い方へ翻弄した。邪念である。そして、そんな時の常として、耳を聾する機関銃音がひびきわたり、ヘロデ王の時代であるかのように無垢なるものの血が流れ、その残酷を知った無垢なるものたちも人々の血を流す、という光景がうかんだ。数日前、トルコから追われたアルメニア人たちがアレッポにつくった教会で、古い地獄絵図をみたのだったが、その中世の幼稚なインフェルノのヴィジョンは私のみていた光景とよく似ていた。裸にされた人間たちが耳の鋭った悪鬼の槍でつつかれている。まるで、我々が光明の継承者であるよりは、悪をひきついだ者といった方がふさわしいかのように。こうなると、私の意識は影の世界で道を失いそうになる。けれど、中世の絵師がタブローの上部にたどたどしく光の国を描いたように、影の世界のはてで、紅海は裂けねばならないのだ。もし我々が一人一人おのれの夢に喘ぎつつ、「約束の地」へ渇いた大地を歩む難民であれば、その途中に横たわる紅海は裂けねばならないのだ。

「Dieu nous garde !」（神よ、我らを守りたまえ！）

八月の末、長いようで短かったアレッポ滞在を切りあげる時がきた。妻には辛い時であった。カテリーヌをはじめ見送りにきた人々の眼に涙が光るのを見ながら、たった一輛のディーゼルカーでベイルートへ旅立った。妻の老いた両親はさすがに別れがたく、避暑もかねて同行することになった。石油精製所と対空陣地とが見えるホムスをすぎ、荒れはてた山間を汽笛を鳴らしつつ、列車はつっぱしった。名もない小駅では、地面に布をひき、メッカに向って三拝する男たちがいた。

国境ではトランクを入念に検査され、レバノン側の事務の手違いから、ディーゼルカーを降りて税関窓口まで三百メートルほども往復させられた。国境事務所の屋上には機関銃が据えられ、旅券を検査する軍人の腰にむきだしの自動拳銃がはさまれていた。

レバノンの大地に入ると、急に緑が多くなり、トリポリをすぎると久しぶりの地中海が空の青を吸いとったように眩ゆく、漣波の涼しげな海面は今迄の暑さを忘れさせるかのようだった。線路ぞいに薄桃色の花をつけた夾竹桃が連なり、笹のしなやかな幹が列車の通過で大きく揺れた。そして地中海ぞいに段々畑のような塩田が続き、海水をひきあげる風車がいくつものどかに廻っていた。人家の様子は相変らず貧しいが、もはやそこには曠地の鬱陶しさはなく、風景はぐんぐん明朗になった。

長時間のかなり辛い旅につかれきって降りたった小さな駅には、思いがけずカテリーヌの姉夫妻が最新型のメルセデスで迎えに出ていてくれた。かれらは「桜の園」アレッポを捨てて、今では測り知れぬ財をきずきあげた大商人であった。そして、私たちを涼しい山のレストランにつれて行き、私に水煙草《ナルギレ》の吸い方を子供のように夢中になって教えた。

一つの夢が終った。デペイズマンの衝撃に度を失った正夢が終った。ベイルートには生活の容易さと富があっても、そしてまた訪ねるべきヘリオ・ポリス（バールベック）があるとしても、私の心をゆり動かした曠野の光景は同じではないだろう。私は中東第一の商都ベイルートの繁栄する灯火を山の上から眺めながら、アラブの哲学者の言葉を想いだしていた。「おまえがどれほど遠く歩もうとも、おまえが新たに到着するのは出発したところなのだ。」（イブン・スイーナー）

Ⅱ　ベイルート夜話

ベイルート夜話

死して生きよ
この摩訶不思議にふれぬかぎり
いつまでも人間は
地上の夜のかなしい客人にすぎぬ。
——ゲーテ『西東詩集』

一、出会い

蟬の声は一段と繁くなった。

それにつれてゆっくり瞼が開くと、日除け《ブラインド》をおろした窓の向うに松林がみえ、夢のような新鮮さを帯びた緑が眼にしみた。眼も渇くことがあるものだ。そして、亜熱帯の夏にしか住まないという蟬の、距離を貫くような鋭い声はその松林からくるのであった。沢山いるらしい蟬は波寄せるような声を、枕に沈めた耳にまで伝えるのだった。

すでに太陽は充分に高く、夏の白い光が清潔な部屋のなかに一種の過剰な性質を誇るかのように溢れていた。おぼろげな目覚めの鬼門ともいうべき瞬間、感覚だけはすでに周囲の光景に反応してはいるものの、いまだ意識の方は夜の闇から抜け出せないといった奇妙な明晰さにみちた数刻、ディーゼルカーの長旅の後、ベイルートという未知の土地でふたたび朝の光をむかえたのだと私は懸命に記憶の糸をたどっていた。まるで現実に現実らしさをあたえようとするかのように。実際、四年ちかくを外国ですごす間に、時としてもはや故国に帰れないかも知れないという不吉な予感や、無用の遊民になりはてて、まさに身ひとつになったような大袈裟な印象をごく自然にもつことが度重なった。そんな甘美なところもないではない不安を枕に朝を迎えたおりなど、窓ガラスごしにオリーヴの葉叢が微風に揺れている光景を品のよい抽象画をみるように恍惚とめざめたものだった。死の想念にとらわれた一夜の後、ふたたび瑞々しい光に出会う朝、私はあたかも自分というものが欠落して、風景が純粋に結晶してしまったような感動を味わうのが常であった。

顔を洗いにゆくと、薄青色の洗面台の陶器やクローム鍍金《めっき》の蛇口の輝きも、久方ぶりに出会う豊かな生活の雰囲気を伝えている。ダマスカス南方の一滴の水をさえ惜しむ褐色の荒野から、蛇口をひねるだけで冷水がほとばしる所に帰ってきたのだという思いが胸をうち、文明とはこんなことかな、と一瞬思ったりしたのだった。考えてみれば、アラブの人々にとって水が常にあるというのは大変贅沢なことではないか。

朝食の準備がととのうまでのしばしの間を散歩しようと思い立ち、旅装をといた姪夫婦の近代的なアパートを後にした。門衛が突然出現したアジア人種に一寸びっくりした様子だった。戸外にはシリアよりぐっと湿気をふくんだ暑熱がアスファルトの坂道に拡がっていたが、疾走する米国製の新車の数も、街のたたずまいもダマスカスと比較にならぬほど賑やかであった。かつて、シリアとレバノンは一つの国であったが、英仏による分割、またそれからの独立という歴史のなかで、前者が政治的不安定と対イスラエル戦争とに悩まされたのとは反対に、後者は自由港として発展し、首都ベイルートは数多くの銀行をもつ中東金融の中心地となった。歩道から店々のショールームを覗いてみても機械製品が豊富に陳列され、経済活動の盛んらしいことは一目瞭然だった。

吹きあげる砂塵をさけながらそんな風に坂道をゆっくり下ってゆくのは楽しいことだった。平凡な店々の看板にもすれちがう通行人の顔にも未知の街では新鮮な驚きが宿っているからだ。その上、準戦時態勢下のシリアの何かと重苦しく、カメラの方向にさえ気をつかう圧迫感とことなり、そこには解放と自由の感覚が漂っていた。まるで復員兵士のようにつくづく平和の味を嚙みしめていた。そして、人々が亡命を決意する時、多分自由は言葉ではなく、一種の渇きに等しいだろうことを納得していた。国境を踏みこえるだけで、彼方に自由の国があるというのは恐ろしい誘惑であるに相違ない。

　私は人間が自由でありうる、という現代の迷信を受容したことはないが、その反面、どのような国家権力といえども人の魂から自由への希求を抹殺することは絶対にできないと思っている。人の心は水に似ている。抑えれば抑えるほど強く反撥し、調和した湖にもなればすべてを突き崩す奔流ともなるからだ。そして、苦しみにあえぐ各人がふと己の魂に天と結びつくカタコンブが存在することを知った時、人はもはや死を怖れる理由をもたない。自由への希求もそれに似ている。たしかに自由は腐りやすいもので、ひとたび良心の冷蔵庫から出してしまうとあたりに悪臭をまきちらすものでもあるが、もし自由というものが少しでもなければ人の魂は開花しえないにちがいない。

　こんなことを思いめぐらしつつ街角のとある交差点までおりて、雑貨商の店先で仏字新聞を買った。フランス保護領時代をもつレバノンでは伝統的にフランス語を話す教養人が多い。早速新聞をひろげてみると、レバノンのモンダニテ（社交界的）ともいうべき雰囲気がフェスティヴァルだとかレセプションだとかラリーなどの記事から漂って、小フランスといった趣きだ。明るい地中海に洗われているベイルートには享楽的な性格があるのだろう。それにしてもシリアと何と異なっていることか。

　その日の午後、姪夫婦のアパートへ一台のメルセデスが私たちを迎えに来てくれる予定になっていた。私たちはもはや貧しい一介の旅行者ではなく、裕富な商人の客であった。その外出を待つあいだ女たちは宝石の話だとか、サン・フランシスコまで行ったという豪勢な新婚旅行の想い出話に花を咲かせていた。それを聞いていると、私の意識に黄金の国アメリカの幻が浮んだ。欲望を徹底的に物質に翻訳してゆく女性的な文明をつくったアメリカが思い浮んだ。いやそうではない、消費社会への私の疑問が鎌首をもたげた、と云うべきだろう。というのは消費社会、例のギンズバーグの謳う物神モーロック、なぜか黄金の牛を想わせる消費社会が一種のパガニスムとも思われるからだった。私はそこに破滅的な狂騒曲をきくようだった。そしてフランスで友人となったアメリカ娘がつつましいといってよいほど手芸にこったり版画を彫っていたのを想い出していた。物が鎖のように私たちの心を縛って、物の中に捉えてしまうのが現代文明だとすれば、精神は堅固に避難壕《シェルター》の中に身を隠すことであろう。

ベイルートは背後に山の迫った街である。人々の生活を知ろうと願うなら、つづら坂を登ってブルマーナの山に行き、朝夕の涼しさを享楽する光景をみなければならない。豊かな住人は山中に家をかまえ、毎朝むし暑い下界に車でかよってくるからである。そうした山の一つの谷間に鍾乳洞があるというので、私たちは案内されるままに迎えにやってきたメルセデスに乗りこんだ。そういえば、レバノン山脈は「白い」という言葉が示すように石灰質でできており、降雨も適当にあって鍾乳洞形成には好都合な条件が揃っているのだ。街を出た車は松や灌木の多い山路を幾度もタイヤを軋ませて廻り、やがて観光名所であるらしい鍾乳洞に到着した。もはや地図を調べ行程を考える煩わしさもなければ、曠野に踏みまよう心配もなく、グラスファイバー製の洒落たロープウェイが走っていたりして、なにやら拍子抜けだった。

入口の長いコンクリートのトンネルを通って鍾乳洞内部に入ると、そこは思いがけず地下の宮殿であった。空洞のしっとりと重く淀んだ空気の中に妙になまめかしい鍾乳石が林立し、バルセロナにあるガウディのサグラダ・ファミリア教会を幾つとなく眺めている印象だった。空洞の底にはエメラルド色の水流が見え、地殻の内臓を覗いたような幻想的光景だった。けれど、その巨大な鍾乳洞よりも気に入ったのは、別の入口から見物にゆく地下水流であった。墜道の先が一種の岸辺になっていて、数艘の小舟が待っていた。おそろしく涼しい。渡しは私たち一同をのせると棹を器用にあやつりながら、高さ一メートルにもみたないサイフォンをくぐって、洞窟内の幅三十メートルもあろうかと思われる黒い水面にのりだしてゆくのだった。水音だけの完璧な静寂の世界へと、黒耀石にもにた水面を進んでゆくのは忘却へ一歩一歩進んでゆくような不思議な感覚だった。まさしくそこは忘却の河レテであり、小舟をあやつる太った男はシャロンに適しかった。もし我々の意識が記憶で世界を構成しているのだとすれば、記憶から脱れるのは魂の遁走《ヘジラ》である。それでなくともこの身一つの死と隣接した旅の日々のなかで、漢字を忘れるように記憶は薄らいでゆく。その上さらに地下水流を奥深くたどってゆくのは奇妙な戦慄があった。そんなためもあって、私はヴィスコンティの『ルードウィヒ　神々の黄昏』という映画の一場面を思い出してもいたのだった。

それはあるババリアの無能な王ルードウィッヒII世の自殺に至る逃避の生涯を描いた、歌舞伎じたてのような映画なのだが、その中に同じように洞窟内の水面に貝殻状の小舟をうかべ、外套にくるまった主人公が病的な瞑想にふける感動的なシーンがある。殿様乱心の物語といってしまえば単純なのだが、ヴィスコンティの手腕は精神の洗練がその極限に達した刹那、頽唐《たいとう》の危機に至ることをみごとに物語った点にある。戦後日本は精神の洗練というようなことを思わなくなったが、こうした悲劇は結局、厭離穢土《おんりえど》の典型なのである。白鳥をうかべた洞窟で痴呆のように舟遊びにふける王の、異様なデカダンスの美が私の心に残っていたのだった。

舟は巨大なサイフォンの中を蛇行する水流を追って、なおも水を切る音だけを残して進んで行った。左右に濡れた奇岩が黒く光っている。なんと理想的な自閉の空間だろう。地上の歴史は一切眼に入らない。それは宏大な美の棺に納められた魂の墓、天然のエスキュリアルではないか。私は少年時代このような豪華絢爛たる自閉の空間を夢みたことがあるように思った。なぜ腥風と野蛮にみちた世界を拒否してはいけないのか、なぜ己の心を闘争の原理に隷属させねばならないのか、もし自閉がありうるなら神の孤独をも忍んでみせようと思ったものであった。そんな少年の夢にはこの闇を流れる地下水の国は理想の世界であったかもしれない、と呟いていた。ひんやりした内部の空気を怖ろしい瘴気にふれたように感じつつ、ふたたび天井のひくい岩の仕切りをくぐって岸辺にもどった時、夏の暑い光や、谷間の緑などがなんとも生命の淫らさを露出しているように思われたのだった。

こんないかにも外国人観光客めいた洞窟訪問が終ると、姪の夫が会員になっているノーティック・クラブへ廻ることになっていた。ひとつ泳ごうと云うのである。姪の夫が会員になっているノーティック・クラブへ廻ることになっていた。

そのクラブに、姪の夫は二艘のモーターボートをもっていると云うのだ。こうした生活には、つい最近までつづいたパレスチナ・ゲリラと政府軍とのいざこざや、レバノン南部の緊張などの影すらなく、楽しみの日々が支配していた。旅はすっかりブルジョワ風な安楽なものとなっていった。私たちを乗せたメルセデスはベイルート北方へ海岸ぞいの路を走り、左手に地中海をみていた。

「××夫人です。」

と二十歳そこそこの姪が出入の厳しいクラブの門《ゲイト》で名のると、守衛は敬礼した。広大なヨット・ハーバーには無数の艇が舫いでいた。水遊びに強い地中海岸の雰囲気がそこにもあり、私たちもロッカー・ルームで水着になると、燦々と降りそそぐ陽光の下、プールで泳いだり、涼しい海風に濡れた肌をさらしながら食事をしたり、シリアとはうってかわった何のわずらいもない休息に時をすごすことになった。それはたしかに快適である。「秩序、美、贅沢、静けさ、そして快楽。」の全てが夏の懶惰な海景を背にみたされているような錯覚にとらわれさえした。実際どこにそうした平和な光景を乱すものがあろう。蒼空には一片の雲さえなく、裸の女たちも、クラブハウスのボーイたちも、そして私自身もまた平和と題するモザイク画の中に嵌めこまれていた。けれど私はなぜか楽しむ気になれなかった。息づまるような曠野からみれば、その静かな平和は腑抜けたものだったからだ。

私が最初にその男と出会ったのは、話好きの女たちと別れて、ひとりパラソルの陰でコーヒーを飲んでいた時のことだった。半白の髪をした男がふいに話しかけてきたのだった。

「失礼ですが、ヴェトナムの方ですか。」

「いいえ、もう少し北の、その日本人です。」

「これは失礼しました。先程からフランス語をお話しのようですから。日本の方は英語を話されるのが常ですので……。」

「どういたしまして、よく間違われます。四年ちかくフランスにおりましたのでフランス語を覚えました。」

男は私の許しを求めてから同じパラソルの下に腰を下すと、手にしていた一冊の本をテーブルの上に置いた。胸板のあつい男はさほど中東の人に見えなかったが、アッシリアの彫像にあるような大きな眸、軽い鉤鼻がこの地方の人であることを告げていた。

「そうですか。私もむかしパリにいたことがあります。お仕事ですか。」

「少々文学を齧りに行っておりました。」

「そうですか。実は私も文学好きでしてね。若い頃、ソルボンヌで古典ギリシャ語をやりました。今でも御覧のとおり古代の詩集をひろい読みする習慣は残ってしまいました。」

そう云って、男は毛深い大きな掌でテーブルに置いた本をぽんと打った。その動作には砕いた石のような淳朴さがあって、己の教養を誇るのでも、かといって照れるのでもなく、どこか子供らしい所さえ窺われるのだった。おりしも、ヨットのマストが催眠的なゆっくりとしたメトロノームのように揺れている光景に無聊を感じていた私は、ふいに訪れたこの話相手に興味を覚えた。

「それは羨しい。地中海を眼のまえにして古代のギリシャ語を読むなんて。」

「たしかにそれが私の夢だったのですよ。古代哲学の教授にでもなろうとさえ思っていたのですが……今はごらんなさい、あそこの山の中腹に白亜の建物が林の中に見えますでしょう、あれが私のレストランというわけです。」

なるほど彼の指さす方を眺めると、海岸になだれ落ちる緑の斜面に、実に奇妙な、まるで十字軍が残して行ったかのような、城砦ににた建物が望見された。とりわけ目立つのは一本の望楼のような塔が海を見張っていることだった。つまり男はその白亜のレストランの裕富で鷹揚な主人なのであろう。

「たしかに地中海を前にした者の僥倖は筆舌につくしがたいことです。青い鏡面に永遠というものの影が映っているようなまったく美しい海です。こんな海が将来プラスチックと重油で汚染されてしまうなど考えただけでも苛立ちますね……といって私が御国自慢をしているなんて思わないで下さい。私はショーヴィニズムが大嫌いなのですよ。ショーヴィニズムは最も野卑な観念ではないでしょうか。その上、あなたの御国には禅がありますからね。」

地中海と禅という唐突な比較に驚いた私は、眉間に立皺を寄せて、葉巻に火をつけた男の横顔をふと眺めた。少々変った人物らしいと思いはじめた時、男は俄かに物想いにおちたらしく、

「随分、旅行もなさったのでしょうね。」

という私の問いにも答えなかった。そしてやや間をおいてから、

「失礼、何と仰いました?」

と尋ね返した。余儀なく私は白けた気分で同じ言葉を反復した。

「ああ、旅行のことですか。方々訪れました。香港まで行きました。けれどいつも地中海が懐しくなります。私は天から何一つ才能をさずかりませんでしたが、ただ独立心と忠誠心だけは強いのですよ。勿論これはショーヴィニズムとはちがいます。」

といって彼は男っぽく笑ったが、彼の眼は純粋な光を放っていた。海風とプールの水面の光につつ

まれて、こんな取りとめのない会話がどれほど続いたであろう、最後には旧知の仲のように私たちは冗談を云って笑った。そして、ふと時間を想い出したように、髪に銀糸のみえる男はクラブハウスの時計をみながら、

「御邪魔しましたが楽しい時間でした。ベイルートにおられる間に一度私のところへ御立寄り下さい。日の昇る御国のこともっと御聞きしたいですし。私のレストランは『海賊《ピラット》』と申します。今名刺をさし上げますから是非いらして下さい。御待ちしておりますよ。」

そう云い残してクラブハウスに消えた男はやがて名刺を手に戻ってくると、ごく飾らぬ態度でそれを私に与えた。別れの握手は熱っぽく痛いほどであった。地中海人の開放的な人間性のようなものを彼の立ち去る後姿に感じるのだった。

すでに太陽は落ちはじめ、地中海の青味は急激に濃くなろうとしていた。たしかにこの海の東岸に立つと西の国モロッコの方角は陽の沈む国「マグレブ」である。仕事を終えてきた姪の夫も一同に加わり、モーターボートの紡い綱をといて沖合いに出てみようということになった。エンジンを始動させ、ゆっくりと堤防を越えると、おもいのほかボートは波にあおられ、まるで筋肉質の怪物の背にゆられているようだった。皆しぶきに濡れた。そして舟遊びが新婚の姪夫婦を子供のように嬉々とさせ、いかにも人生そのものについて疑いの心をもつことなく、ただ生きること自体に喜びを感じようとす

る人種に属しているように見えた。私は軽い懐しさのようなものを傲慢にもかれらの姿に感じた。

沖合いにでると、海岸線にせまった山の頂きに白い聖母像がみえた。ベイルートの守護神であるハリサのノートルダムである。またさきほどの男が指さした『海賊《ピラット》』の白い城もよく見える。

「レバノンは良い所でしょう。ここに住んだらどうです。」

と、聖母像に十字を切るほど敬虔で善良な青年は、ハンドルを握ったままふりかえって大声で私に叫んだ。たしかに日本もまた私にとってなかば異邦の土地であった。一千万人の東京で一握りの人々をしか知らない、というだけではない。私の心には別の風土があるらしいのだ。そしてもし習慣や文化が後天的に習得されるものだとすれば、アジア人種という皮膚の色を除いて何がア・プリオリに私を美わしの瑞穂の国に結びつけているのだろうか。

「それもいいかもしれませんね。」

と冗談に答えながら、夕陽がいよいよ水平線におち、刷いたような赤銅色が波の斜面に揺曳しているのを眺めていた。その夕空をうつす水にさそわれるように一同は次々に海にとびこんだ。永遠の四大のなかにこの身ひとつが浮いている。快く感じられる生温い海水が私の生命あることを証明しているように思った。たとえヘラクレイトスが云ったように、人は二度と同じ水にひたることがないとしても。

二、ベイルートの商人たち

狭い土地に資源をもたないレバノンはいかに商品を動かし、経済活動をたかめるかが死活問題であることをはやくから悟っていたように思われる。アラブ諸国の中で、軍備に狂奔することも、アラブ社会主義に追従することもなく、経済的リベラリズムを保ってきた理由がそれで、またこのことがイスラエルに対しても正面きった軍事行動を避けたいという、他のアラブ諸国からみれば歯痒い態度を選ばせる原因でもあったろう。

けれど私たちが到着する前、数ヶ月間、レバノンをめぐる情勢は緊張していた。レバノン政府の方針とパレスチナ・ゲリラとの対立はベイルート市内での銃撃戦にまで発展したことを「ル・モンド」紙上で知っていた。土地と家を失い、きわめて悲惨な難民生活をしいられている人々の復讐の念をたとえ理解したとしても、そのために火の粉をかぶるのは御免だという心理が難民をうけいれた所に必然的に生じていた。ヨルダンがそうであり、レバノンもまた困惑していた。実際、イスラエルの特殊部隊が海上からベイルート市内に潜入し、パレスチナ・ゲリラの指導者たちを次々に射殺するという事件や、レバノン航空の旅客機がイスラエル空軍によって強制着陸させられることなどが起っていたのだった。これは中立的なレバノンにとって迷惑至極な火の粉であった。そして、そのたびに軍事的に非力なレバノンはフランスとの伝統的な絆や、国際世論に頼るほかはなかったのである。

こうした国と国との関係という点で、フランス滞在中に気づいたことは、美しい自然と文化伝統をもつその国の底に、いつ何時他国から侵略をうけるかも知れないという苦い固定観念があることだった。ニースの明るい空に、毎月の第一木曜日、サイレンが響きわたるのを人々は気づいたろうか。歴史から紛争は消去しえない。何時他民族が侵略してくるか知れないという警戒心は、攻防をくりかえしてきたヨーロッパ民族にとり古典的な感覚といってもよいのではあるまいか。日本は非常時という観念を忘れてしまったが、これは例外的なことのように思う。そして、現在相互不信の念は地中海沿岸諸国や中東にふかく根を下し、飢えに対すべき富を武器弾薬のために消費しているのである。しかも死の機械を第三世界に売っているのは云うまでもなく工業先進国である。感傷的理想家として死の商人を告発しようとは思わないが、国家関係がこうした醜悪などぶの臭気をかくしており、先進国が武器輸出によって莫大な利益をあげていることを知っておいてもよいだろう。かつて、トーマス・モアは『ユートピア』ですでに軍事消費がいかに馬鹿馬鹿しいものかを語っているにもかかわらず、なお人間が同じことをくりかえしているのをみれば、人類がそれほど賢明になったとも思えない。

たしかに世智にたけた者ならば、人間の世界とはこうしたものだ、戦争は金になるのだと囁くだろうし、また実際その通りであろう。けれども、翻って、殺戮の機械を売ってうる富とは何か、憎悪をますます洗練し、精巧にする文明とは何なのか、と思えば寒気が背筋を走るのである。しかも私たちの本能には憎悪の装置のようなものがあって、それがひとたびまわりはじめると、もっとも残虐な方法で男たちを殺し、女を犯し、街々を焼き払うことができることを否定するわけにゆかない。人間性の奥に一つの闇路があって、それを辿ってゆけば地獄の門がひらけていることを忘れてはならない。こうしたカインの末裔たる人類はある原罪を負っていると考えた方がはるかに自然の光に照らして正しいとさえ思われる。人類はなかば病人なのである。そして自分自身が病人かもしれないという、悲劇的ではあるけれど敬虔な自覚を一度としてもったことのない人々は怖ろしい種属ではないのか。病人ゆえに医師を求め、秘薬をさがそうとする所に、実は人間のもっとも崇高な努力がありうるのではないか。

……ベイルートには死の商人ではなく、世界中の商品を動かす活動的な商売人たちがおたがいにしのぎを削っている、といっても過言ではないだろう。アラブ諸国のみならず、広大なアフリカ大陸を南にひかえ、西にヨーロッパをもつこの大陸の臍とも呼べそうな地理的条件は、富を夢みる商人たちをひきつける魅力を兼ねそなえている。こうした一人であるアルメニア人のK氏を訪ねてみようと、ある日、ベイルートのスークへ出かけてゆくことにした。

雑踏やタクシーでにぎわうブルジェ（カノン）広場から、アーケードの路地に入ってゆくと、そこにスークが開かれていた。通り路には珍らしく涼を呼ぶ氷柱などが置かれてあって、ダマスカスやアレッポのそれに較べてはるかに観光地化されているように見えた。けれどそれ以上に大きなちがいはどことなく黄金の匂いが漂っていることだった。それはスーク特有の金銀細工や宝石を売る店々があるためではなく、むしろ路地に軒をならべた両替屋をみた時にうける印象が原因だった。ショーウィンドーに世界各国の紙幣がべたべたとはられ「あらゆる通貨を両替いたします」と広告しているのだった。景気がよい光景というより、生々しく露骨で、紙幣特有のくすんだ色が不潔なのである。そのうえ奇異なのは、店々の内部に散策するものの眼を楽しませてくれる色鮮やかな商品がまったくないのである。かわって代書屋のような殺風景があるばかりだった。そして、汚れたテーブルをかこんで、金銭を直接あつかう者特有の、無表情で眼の鋭い男たちが紙幣の束を数えていて、計算しおえると、札束をくるくるとまるめ、パチンと輪ゴムでとめてしまうのである。そんな光景をみていると、金銭が小気味よいほど紙ッペラとうつるだけでなく、富というものに対して一種の嫌悪の情がわきあがってくるのだった。現世の喉元をぐっとしめあげている魔神ににた表情が、両替屋の机につみあげられた紙幣の山にあって、そのどぎつい抽象性がニタリと笑っているように見えた。

このスークで宝石商を営むK氏は妻の実家の古い友人であった。トルコから追われ、世界に散ったアルメニア人の一人として、氏はアレッポに居を定めていたのだが、アラブ社会主義による国有化の風波がたちはじめたころ、いさぎよくアレッポをも捨ててベイルートへ移住してしまったのである。だから彼もまた今回の私の旅で多く出会った難民の一人だった。実のところ、難民の苦渋にみちた心を知るには単一民族国家にすむ日本人はあまりに幸福すぎるのではなかろうか。フランス滞在中、あるパレスチナ人の学生が何のはっきりした理由もなく退去命令をうけた事件があったが、私が彼だとして、八日以内に国外退去すること、出国までは日に一度警察署に出頭せよ、という令状をうけとったと仮定してみよう。今まで親しかった者たちと私のあいだに見えない鉄壁が降り、いかに叫んだとて応答してくれるものもなく、平和な街角で自分が無益な零《ゼロ》である、という自覚が襲ってくるにちがいない。こうした抹殺される者の不安と孤独はいかばかりであろう。気も狂わんばかりであるだろう。世界の不正に対する絶望と反抗は、おのれの死を選ぶか、世界の破滅を願うかというところまでエスカレートしてゆくだろう。つまり「流浪の民」はこうした煮え湯をのんで誕生するのである。たぶんここにかれらの絶望の深さがあると同時に強靭な性格の秘密もあるのだ。タンポポの種子のように運命の風にとばされてきた異邦の土地で、難民は心に誓うだろう、絶対に成功することを。さもなくば難民に明日はないからである。そうしたもっとも単純なあらわれが経済力への渇仰なのである。ニースの市場で誰よりも早く店をあけ、誰よりも遅く店をたたんでいたアルメニア人夫婦のけなげな姿を忘れられないのもそのためである。

K氏がこうした難民といえるかどうか私は知らない。けれど機をみるに敏な今までの生き方は故郷喪失者の反応にちがいない。私たちがスークの路地を歩いてゆくと、貴金属商がならぶ一角に彼の店があった。ガラスケースに真珠や珊瑚の首飾りがおいてある、これといって変りばえのしない構えである。「こんな店で儲かるのだろうか？」と妻にきくと、スークの商人たちを外観から判断してはいけない、かれらは驚くほど手広く商売をしているのだから、と答えた。半信半疑で用向きを店番につげると、二階へ上ってくれと、奥の細い階段を指さした。梯子といった方が適当な階段を上ってゆくと、冷房のきいた部屋で、眼の大きな、少し憂鬱げな表情をたたえたK氏が電話の応対やタイプライターに忙しげであった。かれはいかにも老狡で利益に敏感な商人といった雰囲気をもち、時々爪をかむ癖がまるで必死で金高を計算する緊張をしめしているかのようだった。K氏は仕事のあい間をみつけると、私たちにコーヒーをふるまいながら、初対面の私と日本のことなどを話しはじめた。話の内容から、妻のいったことが間違っていないことがわかってきたのだった。K氏は代々宝石商を家族一丸となって営み、世界を股にかけた商人だった。

驚いたことに、珊瑚や真珠を専門とする氏は神戸にさえ窓口をもち、今秋には日本を経由して中国にまで足を伸そうとさえしていた。早くも商人の勘が中国に安く埋れた富を嗅ぎ当てていたのである。もう日本は物価が高くなりすぎてしまった、と云う氏は、妻が幼いころ、男性をきわめて尊ぶ極東の島国について、おもしろおかしく話したという、日本通ぶりを彷彿とさせるのだった。しばらくすると、いかにも家族の王といった恰幅のいいK氏はかつて親しかったアレッポの旧家の娘が日本人と結婚したことが納得しがたいらしく、しきりに問いただしている様子だった。多分、さびれたアレッポの「桜の園」にいた娘が遠い日本、人種もちがえば心理もちがう極東へ行くというのが都落ちのような哀れを感じさせたのかも知れない。私自身まで一抹の寂しさを感じたのだった。それでも少女時代から妻を知っているK氏は結婚の贈り物だと云って珊瑚の首飾りを彼女に手渡したのだった。

夕食をブルマーナの山で一緒にする約束をして、私たちはベイルートの下町にある今一人の商人の事務所へ出発した。ベイルートの町は高層建築も立ちならび、部分的にはアメリカ的な現代性が直接なだれこんだような、コンクリートとアルミニウムの光景があった。風俗的にも顔を黒いヴェールで隠した女たちの姿はなく、おそらく中近東ではアラブ的伝統からもっとも解放されているように思われた。あきらかにこの古代ローマ以来の街は急速に発展する可能性にみちていた。

そうしたベイルートの古い建物が立てこんでいる下町に私たちの目指す穀物問屋があった。小さな寺院が眼前にみえる事務所で私はふたたび商人の活動ぶりに驚かされた。「ベイルートには無限の成功への可能性がある。しかし気を許したらたちまち裏をかかれる。」といった評判が成程とうなずけるのだった。部屋にはテレックスが置いてあり、愛想よく私たちを迎えた中年の商人は、日本人との取引きも多いといいながら、

「日本に何か食糧はありますか。何でもよろしいのです。一報下されば引き取りましょう。」

と私にさえ真剣に話しかけてくるのだった。喉から手が出るほど穀物が欲しいのである。私は何やら自分が商取引にきているような錯覚に陥って答えた。

「さあね、食糧に関しては日本はむしろ輸入国なのですよ。アメリカの小麦でつくったパンにブルガリアのジャムをつけオーストラリアの牛肉を食べる有様ですからね。古米があるかないかといった所だと思いますよ。」

そんな喜劇を演じているうちにも、ヨルダンの首都アンマンからテレックスが入ってきた。サハラ砂漠が南下しはじめ、数百万の人々が飢えに苦しみ、エチオピアには飢饉が拡がっているころであったから、穀物問屋は多忙だったのである。

こうした商人たちの間にいると、ふと自分が随分黄金に縁のない人間だな、と思わずにいられず、かれらが私のやっていることを不思議そうな顔で聞いているのにバツの悪い想いをすることが度重なった。現世の目的で黄金を求めることほど明快な目的はない。ほとんど数学的明快さであって、その

かたわらに文学研究を置いてみると不可解なことになる。商人たちはまず「失礼ですが喰えるのですか。」と怪訝そうな表情で私を窺うのである。しかも滑稽なことにベストセラー、推理小説を書けばよかろうと云うのである。成程それは当然の推論であった。それに対し、私にはそんな才覚はあるまいと云うと、かれらは気の毒そうに私をみるほかはなかった、そして私自身もこれでは商売でもはじめた方がよいといった気になるから環境とは怖ろしいものである。アフリカの奥地まで富を得ようと出掛けていったランボーの痛ましい後日譚が私の心を横切った。美神につかえた詩人に対する現世の喉元をしめあげるような復讐であろうか。

その夕べ約束どおり私たちはベイルート背後の山ブルマーナにK氏を訪ねて行った。K氏も豊かな人々の例にもれず、海に面した蒸し暑い首都をさけ、清涼な山上に居を構えているのである。その夕暮は山霧がでて、点々と続く街灯の光が滲み、久しぶりにみる湿気の光景で、皮肉にもそれが懐しくさえあった。とある広場で相乗りタクシーを降り、教えられたとおり歩んでゆくと松明を灯したK氏宅があり、門前に幅の広いアメリカ車が山霧に濡れて駐車していた。スークで小さな宝石商を営む商人のものとは思われない立派な石造りの邸宅に入ると、背広姿のK氏がかわることのない憂欝げな面持ちにわずかな微笑をたたえて私たちを迎えた。

部屋に通され、はじめてK氏が熱烈な中国家具の収集家であることを知った。中国のあの高貴な藍色の絨緞、ペルシャの華麗な絨緞にはない深い夜の静謐をたたえた絨緞がそこにあり、大和絵風の日本の屛風も飾られてあった。アルメニアを追われた血筋の氏のなかに、何か幻影を追って、豪奢をきわめたいという秘かな憧れをかいまみた気になったのだった。そんな私にさえエキゾティックな東洋的な雰囲気のなかで、しばらく話したのち、K氏の車でちかくのフランス料理屋に行ったが、時々苛々と爪を嚙むK氏は依然憂鬱そうであった。そしてその胆汁質の気分は私たちにも感染しはじめ、こらえかねた妻はふいに固い壁に石を投げるように「Kさんはふさぎの虫にとらわれているようですね。」と切りだしたのだった。するとK氏はおよそぶっきら棒に癖のあるフランス語で、

「最近の若い者が理解できない、いや嫌いにさえなるのだ。」

と予期しない露骨な感情が吐きだされた。

「どうしてです。」

と、妻は旧知のよしみでまた一歩踏みこんだ。気まずいことになりはしないかと、家長的な威圧するようなK氏の表情を眺めつつ、次第に同席するのが苦痛になってきた。

「自分の若い頃は生きることは厳しいものだった。いつも人の二倍も三倍も働かねばならなかった。ところが今の若い者ときたら遊びしか眼中にない。車をとばしたり、娘たちとダンスしたりするばかりで、商売に身が入らない。自分にはそれが理解できないし、若い者を見ていると苛々してくるのだ

よ。」

そう無表情に語るK氏はあらぬ方をぼんやりと眺めていた。

たしかにアルメニア人として現世の荒波をひとり渡ってきた氏は若い者が脆弱に見えるのであろう。そして自己に対する全幅の信頼が他者を厳しく判断させることになるのだろう。だが実は立派な背広に身をつつんだこの紳士の中に老年の怒りっぽい短気が巣喰い始めたのではなかろうか。成功とその富にもかかわらず、同席者をはらはらさせるほど彼は不幸であった。私は会話の流れをかえようと、日本人との商取引きのことへ話題を転換した。

「日本の商人は中国人にくらべて考えが少し限定されているように思うね。日本人は売るために物を造らねばならないと考えるけれど、利潤という点からみればそんな必要はないのだ。物を動かすだけですむことだ。」

たしかにK氏の考えは流通機構を握る方法であり、個人的な利益だけが問題なのである。偶然かも知れないが、ベイルートで会った商人の多くは外国製品を輸入する特約店となり、そこから主としてアラブ全域に売りさばくのである。その有様を聞いていると手品のように黄金が湧きだしてくる印象である。そして、こうした人々にとって中東問題などに真の歴史的、人間的関心などなく、シリアに感じられた淳朴な性格はなかった。もしイスラエルが侵略してくるような事態が起れば最初に逃げだす連中かも知れなかった。

実際、モラルという点だけからみれば、経済政策を、つまり経済的豊かさをのみ目指す国家は尊敬の念をひきおこすことはできない。たしかに十八世紀のコンドルセ以来、人間理性による近代社会を夢みた先覚者たちが経済を重要視し、政治を無用の長物とするほど極端な考えを抱いたのは事実である。けれどそうした人々はそれ以上の理想をかかげていたのであって、経済はその手段に他ならなかった。ところが今日現世の神たる黄金が公認され、人の魂を喰っているのではないか。すべての人々の心に物質的所有への門戸をひらいたアメリカ的現代社会は永遠の不満足の体系ではないのか。「シーザーのものはシーザーへ」という言葉が身に沁みてくる。そして、こうした没理想的な悲しい世紀の影はレバノンにまで及んでいるのであろうか。

三、リュフ先生のこと

ようようの想いでシリアから無事出国できた安堵にもかかわらず、どこへ行っても黄金の匂いがするのを不快に感じて私は快々《おうおう》と楽しまなかった。多くの我儘な旅行者と同じく、ヨーロッパを出てヨーロッパ的な世界や風景をみても歓べない。生活が楽なのはよいが、あれほど烈しく苦しくもあった曠野のデペイズマンが懐しくさえあった。相変らず蟬の声が無遠慮に喧しかった。そんな時、私はフランスでの最良の想い出であった恩師M・A・リュフ先生のことを考え、心情を吐露する手紙をしたためた。暑熱の小アジアで生まれたキリスト教が緑豊かな西欧に辿りつき、当時はいまだ野蛮に等しかった土地に次々と教会を建てさせていった伝播が著しく私の興味をひいたことや、民衆の貧しさがただ感動的であることを長々と書いた。リュフ先生へ手紙を書いているといつも心に静かな平安がたち戻ってくるからだった。実際、リュフ先生との出会いを私は人生の僥倖と思っていた。

はじめて香水の街グラースに先生を訪ねたのは一九六九年の初秋であった。羽田で友人たちと別れて間もない頃であった。東京の郊外に蟄居して前途に光明らしいものもみえず、十和田湖の方にある学校へ行こうかと思っていた頃であったから、ニースからのったバスの窓に映る南仏の風光は美しいままに、私の悶々たる心を慰めてくれた。要領よくパリに行った連中が羨しくもあり、大変のどかな所に来てしまったという悔いもあった。しかし正直私は都会生活が厭になっていた。そこには焦燥もあり、怒りもあり、鬱勃たる憂愁も渦をまき、一つの壁につきあたっていたからである。だから大樹が微風にゆれる山路を鄙びた人々やアルジェリアの汗臭い労働者と登ってゆくのは楽しかった。やがて丘の中腹を横に切ったようなグラースの街につくと、約束の時間まで軽い昼食をとったり、洗濯物や緑ペンキの鎧戸が続く旧市街を散歩したりしていた。ふと通りかかった教会の閉ざされた扉の向うから、バッハの「トッカータとフーガ」を弾くパイプオルガンの響きが聞えてきたりして、私は旅の解放感を快く覚えはじめていた。過去は過去として葬り、一度死んだものとして生きてみたいという気負いのようなものもあったのだった。そんな緊張気味に歩いてゆく若いアジア人を、並木路のベンチに座った白髪の品のよい老夫婦が眺めていた。そして約束の時刻に先生のアパルトマンのベルを押すと、折悪しく先生は御病気でその朝私に電話したのだが、すでに私が出てしまった後だったと気の毒そうに夫人が告げた。それでもベッドに横臥された先生に御会いしたのだったが、急に心細くなった。その後、このニース・グラース間の山路を原稿をもって何度も通うようになろうとは想像もつかないことだった。

それからほぼ一年の間、テキストを再読したり、茫然と静かな夜、紅茶をたてて想をねったりしていたのだが、リュフ先生は決して私をせかせることはなかった。ただ私が質問や意見をしたためて手紙を出すと、かならず誠意のこもった丁寧な返事を下さった。この慌しい世で誠意は尊いものであり、それは見る者の心を打つものである。誠実は他人を尊重する事であり、広い愛をふくむものである。こうした交信が続いてゆくうちに、私は運命が一人の良き師を恵んでくれたと思いはじめると同時に、この機会に学びうるものは皆学びとろうという気持が無力感の底の方から湧いてきたのだった。そうして少しずつ原稿ができるとリュフ先生の手元へ送った。しばらくすると読み終ったから来るようにと連絡があって、『知られざる傑作』の新米画家ニコラ・プッサンのようにグラースへの路を辿るのだった。

先生の書斎は方七メートルほどで、天井まで書物が整然とアルファベット順に置かれ、北側の窓からはオリーヴの樹々が見えた。壁の一角にモネの銅版によるボードレール像がかかっており、わずかに道路を疾走する車の音が伝わってくるだけで、学問の場にふさわしい静寂が常にその部屋を充していた。先生はいつも礼儀正しく背広にネクタイを締めて待っておられ、私が扉を開くと、「ボンジュール・イノウエ。」とはにかんだように握手を求められるのだった。その態度には社交家の如才のなさといったものは微塵もなく、戸惑っているようなぎこちなささえ感じられるのだった。そうして、森閑とした書斎の片隅に置いてある長椅子に私を座らせると、朱の入った私の原稿を片手に問題点を指摘してゆくのだった。ひとたび話が文学に触れると、もの静かだった先生は突然情熱に憑かれて、深い所から魂の炎が迸りでるようだった。これは偉大な老人の性質ではないだろうか。肉体は衰えるものであるが、魂の炎は理想を追う人々にとっては絶対につきることがない。この不思議な炎の源は神秘的ですらある。先生は多くの場合きわめて厳しかった。そっと原稿をのぞいてみると「否《ノン》」と大きな朱が入っている部分などもあって、しばしば絶望につき落される気もしたのだった。極東の一読者のパンセが石造りの城壁に粉々になってしまう苦しみも味わったが、先生はそうした批判を権威ずくですることはなく、面白い見方があると異邦人の意見でも充分に尊ぶ雅量と公正さとを常に失われなかった。本当の自信、それは全知全能ではない、一つの限界とさらに大きなものを何時でも認めうる心だと教えて下さったのはリュフ先生だった。つまりこうした会話を通して、私は先生のなかに文学に対する深い愛情と人文主義的なよき伝統といったものを発見していったのだった。たしかに、複雑で人の魂を消耗させる現代では、先生の立場は古く、もっと戦闘的な思想が必要だと人は云うかも知れない。人文主義的伝統など過去の夢だ、全てを破壊しつくしたいのだという悲劇的な攻撃欲もあることだろう。しかしまた人間性を深く愛し、その理想を夢みることは不滅の事柄なのである。こうしてリュフ先生の篤実な人柄に惹かれはじめていた私は、仕事が終るまでは日本に帰るまいと決心していた。

静かな書斎に闇がこくなり、煙草をともすマッチの火が一瞬明るく感じられる頃になると、広間へ行って御茶に招いて下さるのだった。「日本の御茶にはかないませんが。」と先生は常に地味だった。こうした時には夫人も同席されるならわしで、開け放された窓の向うには、南仏のなだらかな丘と谷が紫の夕靄におおわれていた。その涯にはカンヌ沖あたりの地中海があるはずだった。先生は古き良き時代のフランス、香水の原料がすべて自然の花であった時代や、旅行の想い出などを淡々と語られるのであった。人生の夕映えを爽やかにむかえた老夫妻の静謐が美しかった。そしてそうした数刻、私は幸福な弟子であり、魂の平和にみちた夕が永遠にとどまることを虚しく願うのであった。

こうした日々のなかで、数年にわたった仕事も何とか形になりそうな所まできた頃、どうしても見つからないある十九世紀の精神科医の本があって、思いあまった私はリュフ先生に持っておられぬかと手紙を書いた。そしてもしお持ちならば是非読ませていただきたいとつけ加えた。私のなかには書物に対する古い感覚があって、こうした要求をするのには勇気がいった。けれど、ただちに返事があって、その本は手元にあるからすぐ来るようにと記され、私の杞憂は霧散すると同時に心が躍った。とるものもとりあえず先生の書斎に着くと、親切にも先生は私に机と椅子とをあてがい、目的の本を私の前に置いて下さった。その時、私の心は感動で震えていた。ほとんど嬉しさで泣きたいほどであった。それは久しく捜し求めていた書物が今眼前にあるということをこえて、真の師と呼ばれるものの偉大さであり、人の心がそれほど無償に美しくなれるものであることに感動していたのだった。人の心がある場合には涯しもなく知性をもつがゆえに悪魔的になりうるのとは反対に、無限に高貴にもなりうるということを弟子に示すのが、魂の聖なる火を手渡してゆく師の姿なのではあるまいか。……私は書斎の窓に夕暮が落ちてくるまで懸命にページをくりノートをとった。精神の炉が白熱してゆき、もはや何物も眼中になく、古びた紙を開いていったのだが、その時、私はふと、ごく小さなそして人の知らない世界であろうと、一つの信念に身を捧げてゆく人々の深い歓喜がほんのわずかでも分ったように思ったのだった。そして、こうした精神の熱狂と呼んでもさしつかえのない状態こそ、都会という澱んだ空間のなかで私が捜しあぐねていた魂の気象ではなかったろうか。自らに巣喰った停滞を破るその魂の状態《エタ・ダーム》は、自己という牢獄をこえてゆく無償の大きな愛によくにているように思われたのだった。必要なノートをとり終ったころ、手元がやや暗くなっていつものように冬の短い日は暮れようとしていた。

「おもしろかったかね。」

いつのまにか背後に立っておられたリュフ先生はそう声をかけ、常日頃のように御茶の席に招いて下さるのであった。そしてひとたび書斎の扉を閉ざすと、東洋の一青年に茶菓子をふるまわれる優しい方であった。青春時代には眼を悪くされ、医者の命で一時は学問を諦められて、高等中学《リセ》で教鞭をとられていたというような想い出話や、在野にも学者以上に物識りはいるのだ、というような戒めの言葉などを謙虚に語られるのだった。そうした大いなるへりくだりの心は俗につながった野心を赤面させるに充分であり、またそこに先生のカトリック信仰を思わずにいられなかった。実際、優れた個人はどのような時代、風俗、どのような政治体制においても優れたものではないか。多分、先生の静かな日々はいまだ私のものではない、私はまだまだ俗にまみれ、路頭で行きくれる日もあるだろう、という意識は消しがたくはあったが、広間の肱掛椅子にいる間は愛する人々だけを集めた一種のファランステールの夢を追うことができた。

……かならずしも緑陰ゆたかな清流のほとりでなくともよいであろう。けれどそこが俗なる場所ではないことを記すために、都会よりは自然のなかの方が好ましい。そこに一つの学舎がある。蔓草をはわせた白亜の壁の内側にはいたる所に小径が林のなかに続いている。優れた心の人々が集う場所である。天候のために気象台があるのと同様に、人の魂を測る役目を荷なった自由の庭である。そこにつどう人々は最高度に洗練された自由のなかで、魂を開花させ、人間の運命と幸福について瞑想するのである。時代の思潮を測るばかりでなく、非歴史的なものではあっても、人間に欠くことのできない根源的な調和をさがす役割をもっている。だからそこへは偏狭な学者、良心なき芸術家、俗人たちは立ち入りを禁止されるのに反し、俗世の生存に絶望し、救いを求めるものに門は開かれている。つまり無神経な厚顔や傲慢によって閉ざされた心をもつ者は排斥される。というのもすべての者はおのれの知識、経験、思想を共有物にかえなければならないためだ。だから教師と学生というヒエラルキーは存在しない。全てが教師でありまた学生でもある。こうしたなかで各人はおのれの関心に従って個的活動を深めてゆくことが許されるが、その成果は私的なものであってはならず、討論の対象となるのである。

しかもそれはある意味では信仰の園でもある。まことに偉大なものは「より高きもの」への信仰に接しているのだ、ということを忘れた現代人の不毛から解放され、その生存の質への愛によってその園は支えられているのである。早朝の瞑想は瑞々しい林のなかに建てられた小屋でなされ、午後の労働、全員が参加する夕食、そして夜には自由の時がある。そしてこうした所で暮す成員は、月に何度か外界に、ほとんど外界の虚しさを再確認するために、一種の彷徨を義務づけられるのである。多分これは古来の僧院にて、今まで多くの人々が虚しく夢みた理想郷とさほど変らないであろう。けれど、私の漠とした想いは詩座の伝統を懐しむようにそんな美しい人々による美しい国をたどっていたのだった。そこに私の知りえた心善き人々を集めたい、心の純粋であるがゆえに不遇をかこつ人々を集めたいと思ったのであった。そして、こうした心の動きこそリュフ先生から流れでて私のうちに至った誠意の果実だったのである。まことに自我を固く守るだけでは充分ではないのである。

こうしたグラースでの経験から心の乱れかけた時にリュフ先生の静かな書斎が思いおこされるのだった。いまだこの身ひとつの不安な旅を続け、いつ定着しうるか測りえない私の心に安らぎをもたらすのだった。旅のなかで核のように形成される暗い認識が私を苦しくしてゆけばゆくほど、知識だとか研究といったものから遠い赤裸の私は静かな物想う場所に安らぎをみるほかはなかったのだ。私ははっきりと自分が精神の乞食になり下ったのを意識していた。

実際、この世界にもっともふさわしい形容は、流亡の民が語った「涙の谷」なのである。そして私もまた汲みつくせぬほどの涙を呑んだように思った。怒りに、愛に、悲哀に孤独の中で涙したのではなかったか。一人の泣き叫ぶ赤子を心中に抱いて歩いたのではなかったか。闇から闇へ葬られることを固く拒絶する一人の赤子が心を乱したのではなかったか。

けれどもなお、ある日運命の手が私の胸に死の剣をさしこむまで、その涙の谷間に神とともにいる至福がみちる朝を求めて歩いてゆかねばならない。それこそが今ひとつの幻の羈旅なのだ。

四、バールベック訪問

「他人の家に寄宿するのは辛いものである。」と、かつて花の都フィレンツェを追われたダンテが語っていたのを記憶している。流謫者の悲しみは鋭利である。人の心理にはどれほど歓待されようと、自己の生を自ら握っている気概がたとえ慰めにすぎなくとも必要なのである。

ある日、限りない厚意を辞して、姪夫婦の広く清潔なアパートからベイルート市内のホテルへ引き移ることにした。車のよく通る坂道に面したホテルからはコバルト色の地中海の輝きがみえ、窓ごしのひくい屋並の上に幾艘もの停泊した舟が、青い壁に貼りつけた切紙細工のように見えた。いつもながら新たにホテルの部屋に入ってゆく時、不思議に未知の街と結婚するような気持になるのだった。いい加減うす汚れた壁紙や、ニスのはげ落ちた家具だとか、ふと窓から見下した内庭の光景などが並外れて鮮やかに記憶されて、それらが街の印象を想い出させる鍵になることが多いものだ。その上、ホテルの部屋というものは妙に想像力をかきたてる。コンスタンの『アドルフ』などは誰かが忘れて行ったノートから物語が始まるように、その部屋は常に空っぽでありながら無数の人生がつまっているように感じられるものである。そうした幻の通過者たちにまじって、私も残りすくなくなった旅の日々をそこですごすことに決めた。

中心街にちかくなったおかげで私たちはよく海岸ぞいのダル・アル・ムレイセの通りを散歩した。沢山の小綺麗な土産物屋がならび、小さなキャバレーもあったが、街角には装甲車が影を落していた。一方、現代的な高層建築のならぶピジョン・ロック周辺は洒落たカッフェ・テラスにもことかかず、夕暮ともなれば涼を求めて沢山の人々が散策していた。岬のはずれには遊園地があって電球で飾った大きな回転車が廻っていたりした。ベイルートは都会であった。そして点々と煌く燈火を眺めていると、この都がまだまだ発展してゆくだろうことは疑えなかった。私たちは時のうつろいゆくのも忘れて、カッフェ・テラスで地中海の大きく澄んだ月を眺めながら、コーヒーを飲んだものだった。

そんなある日、姪夫婦がメルセデスでアレッポに里帰りすると云うので、その途中にあるバールベックの遺跡まで便乗させてもらうことにした。懐の心細くなっていた私たちはかれらの渝《かわ》らぬ厚意に甘える他はなかった。レバノンを南北に走る二本の山脈にはさまれた肥沃な平野ベカに、古代神殿跡として世界的に有名なバールベックがあるはずで、行きそこねたシリアのパルミールとともにそこは私にとって幻の土地であった。そこはもともとカナンの土地であるばかりか、ギリシャ人がヘリオ・ポリス（太陽の都）と名づけていただけでも魅惑的ではないか。さぞかし太陽の美しい所であろう、と夢想していたのだった。

私たち四人連れはベイルートからただちに背後の山に登り、国境再開以来、ヨルダン、シリア方面から殺倒する避暑客の車で相当にこみあっている道を、かれらとは反対にダマスカス方面へと疾走していった。メルセデスは素晴らしい現代の駱駝であった。ものの三十分も松の多い山道を走ると、やがて稜線に達し眺望が開けた。緑の疎らな山々があらわれ、峠の要所要所には機関銃座と装甲車が置かれて警備兵が検問をしている場所もあった。谷間の方へ視線をめぐらすと、一本の鉄道が寂しげに右に左に走っていた。そんな荒れた山岳地帯を走ったのち、道は急に下り勾配となって眼前にあざやかな緑を点々とたたえ平原がひろがった。そしてその平原の右手にシリアとの自然国境である山波が望見された。私の旅はちょうど渦状にふたたび基点に近い所へもどってきたのだ、あの反対の斜面をも知っているのだ、とある感動を覚えながらひとりごちたのだった。それは単なる自己陶酔ではなかった。この旅のはじめ、国境の向う側にあるなだらかな斜面で、ある紳士の別荘の露台から、無花果をつまみながら眺望を楽しんでいたからだった。立派な紳士で私たちに援助をおしまないと約束し、屢々ダマスカスのホテルまで部下を寄こした人だった。その人はテラスから夕霞にかすむ南方を指さし、「あそこが聖書に出てくるヘルモン山です。前の戦争の時には戦闘機の落ちてゆくのがよく見えたものです。」と淡々と語った想い出が蘇ったからだった。私の旅はそのテラスのすぐまぢかまで帰ってきたが、国境にへだてられたズレがそこにはあった。それが密かな別離の痛みとなって私の胸をついたのだった。

私たちは急な勾配を駆け下り山懐の樹木のよく繁った町であるレストランをみつけた。どうやらドライヴァーたちが休息する場所らしく賑やかな雰囲気であった。美しく晴れた日だったので、私たちは各自庭のパラソルの下に腰を下し、乾いた爽やかな風に一息ついたのだった。アラック酒に喉を潤しては珍らしい蛙料理や御好み焼きのように薄く円いパンを手でちぎりちぎり口に運びつつ、皆賑やかに会食していた。ところが快々と楽しまない私を見て、善良な姪の夫は「どうしたのかね。」と案じ顔だった。済まないと思いつつも、私は自分のふさぎの虫の居所を知っていた……水も飲めなかったシリアの曠野を懐しんでいたのだった。随分人間の心は勝手なものである。灰褐色の曠野で味わった緊張が忘れがたいまま、木洩れ陽が噴水の水にきらきらと反射する優しい光景を私は幾分うとましく眺めていたのだった。おそらく硝煙の匂う戦場から復員した兵士が倦怠のただよう市民生活に接した時のいわれのない苛立ちとはこんなものではないだろうか。平和とはもしかすれば歴史の生成から遠い所であるのかもしれない。

そんなちぐはぐな気持で昼食が終ると、私たち一同はふたたびメルセデスに乗りこみ、ダマスカスへ向う道と別れ、両側を山並みに挟まれた平野を走った。すぎ去る路のそここにはシリアと同じように貧しい村々も散見されたが、どことなくはなやいだ雰囲気が感じられるのも、古代から肥沃な土地として知られた自然のためであろうか。山脈のふもとには泉が湧出するのである。こうしてバールベックに着いたのは午後三時頃で、暑く透明な太陽は幾分倦んだように西に傾き始めていた。「石にはあまり興味がない。」という姪夫婦は私たちを人だかりした街の狭い四辻におろすとアレッポへの道を急いだ。街の上には静かで澄んだ空が拡がっていたが、有名な遺跡だけあって村人が観光客ずれしているのは古銅貨を売りにくる様子ですぐに分った。そしてそこにシリアの人々と異なる卑しさの匂いを嗅いだ私は一瞬不快になった。村の四辻から駱駝がみえる遺跡の入口の方へぶらぶら歩んでいった時、ゴムサンダルをつっかけた一人の少年が斜め前から私を見上げながら突然、

「ハーシッシュ、ハーシッシュ。」

と繰り返すのだった。一瞬何のことか理解できなかったが、ふいにその痩せた少年が「大麻」を売りに来たのだと悟った刹那、私は何の思慮もなく「アンタ・アザハル」(お前は悪い奴だ)と残酷な言葉を吐いてしまったのだった。元来、草を意味するアラブ語ハーシッシュという言葉が列強に屈服した暗澹たるオリエントの歴史を私の心に照明弾のように浮きたたせたからだった。かつてギリシャ哲学を翻訳し、数学、天文学にひいで、十字軍を驚かせたアラブ文明の衰退した原因を私は知らない。ただフローベルの書簡を読めばトルコ支配下の中東が快楽と悲惨の十九世紀をすごしたことは明らかだ。そしてその原因に悪魔的な大麻が一役買っていたかも知れないのだ。伝説によれば「山上の老人」と呼ばれた皇子が政敵を倒すためのテロリストの群を配下として隷属させておく絶対の絆としてハーシッシュを用いたというのである。刺客たちは禁断症状になることを怖れてその皇子の命令のままに動いたのだと語り伝えられている。そして周知のようにこのハーシッシュの陶酔は十九世紀初頭フランスにもたらされ、多くの文人の好奇心をひいた。だから中東でハーシッシュという言葉を耳にしても驚くにあたらなかったはずであった。けれど、私はそんな澱んだ闇のようなデカダンスを予想させる言葉がひどく不愉快に思われ、いたいけな少年にふと感情的な言葉を吐いたのだった。自らの誇りを溝に捨て、強い者を犬の眼でみるようなことが二度とあってはならないのだ、と私は叫びたかった。

　標高約千メートルに位置するその村は爽やかな高地の大気につつまれ、風景は冬の日のように透明だった。左手に女神ヴィーナスの神殿跡を眺めながら巨大な遺跡に向って歩くと、彼方には白いレバノンの山並が続いていた。そこはカナンの土地であった。そして古代において中東第一の街であったバールベックはただ世界屈指の遺跡を温存する観光名所というばかりではなく、神々の興亡としての歴史を想うのにもっともふさわしい場所なのである。この戦略的にきわめて重要であった地に、古来多くの征服者が四方からやってきたのであったが、同時にそれは神々の闘争の記録でもあったのだ。勝利者たちは次々にそこに神の姿をまつった。けれどその神々さえもこの澄んだ高地で固有の運命をもったのであった。神もまたついには衰え、蛮人の破壊の斧を大きな眼をみひらいたまま受けたのであった。その壮大なドラマはなぜか人を感動に誘うのである。

歴史によれば古代パルミール帝国から地中海に向う通商路に面していたその町《ベック》は起源をシリア生まれの豊饒の神《バール》、太陽をあがめたことにもっているという。けれどもそのカナンの町が繁栄を誇ったのはむしろギリシャ時代よりもローマ帝国の支配下においてであった。セム族遊牧民を平定したローマは、バールベックの戦略的重要さに気づき、ジュリアス・シーザーの命で植民地経営にのりだしたからだった。そして土着の神であるバールをジュピターへと吸収し、神殿を建造しはじめたのであった。西暦六〇年、つまり皇帝ネロの時代に大神殿が完成されたと伝えられている。しかもその後歴代の皇帝によって、征服者ローマの威容をこの小アジアに誇示すべく拡張されていったのだが、キリスト教のローマ帝国内部への滲透にともない、当初の巨大な計画は完成をまたず教会堂《バシリカ》へと改装されたのであった。さらに土着民の祭礼の場所がキリスト教化まで変転をとげた後、アラブの手に落ちたのであった。ジュピターにもキリスト教にも無縁なかれらは神殿を城塞にかえ、バールベックという古典《シリ》シリア語《アツク》の名称を復活させた。

陽のおとろえはじめた風景の中を、百リーヴル支払って私たちは神殿の入口の幅五十メートルにもおよぶ石段を上っていった。もともとその石段は考古学者の手で再建されたものであるように、円柱も崩折れ、天蓋もまたすでに落ちつくし、所々砕けた石が屍のように転がって、石畳の割れ目からは雑草が伸びていた。神々の住居も荒れはて、今はふたたびそこに神をまつる人もいないのが奇妙だった。かつては円柱が壮麗にならんでいたであろう正面を越えると、オリエントの星をかたどった六角形の奇異な建物跡に至る。それにわずかな壁を残した大きな内陣がひらけたが、そこでは昔、アブダラの丘から引いた清らかな水を用いて犠牲の式が行なわれていたという。キリスト教化の後、バシリカがつくられたのもそこであった。そして今では露台になってしまったそこからは、バールベックの宣伝用写真にはかならずといっていいほど映っている世界最古のコリント式列柱が六本眺められるのだった。説明によれば往時には二十メートルにもおよぶ五十四本もの円柱がまさに林立していたのであり、古代人がこのカナンの地にそれを見た時の驚嘆は想像にあまりある。そして円柱の花崗石はエジプトのアスワンから筏にのせられてナイルを下り、シリアの港ラタキエについた後、石畳の道をホムス経由でバールベックに運ばれてきたのだという。おそらくその規模はペルシャ湾から日本へ石油を運搬するのと匹敵するものであろうか。そうした労苦の結晶の名残りたる六本の円柱は今では平和な自然の中に肩を組んで、月並な言葉でしかないが昔日の栄光を歌っているかに見えるのであった。私たちの今日眼にするマンハッタン島の摩天楼群がいつの日か廃墟となるのは想像を絶することだ。だが、歴史はそれがありうることを教えているように思われる。

シリアのバスラでみた円形劇場でローマ人たちは遊興に耽ったであろう。けれどこのバールベックでは沈みゆく太陽、黄金の髪をなびかせて朱の空に隠れゆく日輪そのものを神とする古代信仰の儀式がおごそかに行なわれていたのだ。巫女たちの姿はこの小アジアの平野を古代の静けさでみたしていたことだろう。ところが何一つ変るものもなく永遠の支配とみえたものの底に、歴史はゆっくりとめぐっていたのであった。多数の彫像が壁をうめつくしていた内陣が、テオドシウス帝の命令によってバシリカに改装された時、古代世界が終熄をむかえたことをどれだけの人々が明確に意識したであろうか。星々に公転《レボリユーシヨン》があるように歴史にも公転が存在するのではないか。東方の一植民地に生まれたクォ・ヴァディスの祈りの声がキャピトールにまで猖獗をきわめた時、ローマ帝国はかつて知りえたもっとも根源的な革命に遭遇したのであった。こうしたことを考えると、文明の興亡の背後にその動力としてある超越的な何者かへの崇拝があるのではないかと想像されるのである。マックス・ウェーバーのようにローマ帝国滅亡の原因を一種の傭兵制度であったオイコス制に求めることも可能であろう。ただ文明建設への莫大なエネルギーを生みだしてゆくのは一種の信仰以外の何物でもないであろう。かつて自分たちが神に選ばれた民族だと信じなかった文明建設者がいたであろうか。文明の勃興期における情熱と内面の充実は、前進のエネルギーを飢えからと同時にそうしたファナティックな情念から汲んだにちがいないのである。それはあたかも人間がふとかいまみた聖なるものへ一歩でも近づこうとするかのようである。そしてこれとは反対に信奉するものの原理が現実によって裏切られ、信じることがただちに偽善に通じるようになった時、文明は内部から解体してゆくのではないだろうか。樹液を汲み上げえないほど高くなった木が崩れてゆくように。私は何か眩暈のようなものを覚えていた。こうした歴史のあつみは個人の魂に生滅する喜怒哀楽をとるにたらないものと思わせてしまうからだ。はじめから勝負は決まっているようにさえ見える。たった一個人の人生で出会う悲しみ、喜びなどといった感情は、私の足が意識することもなく踏みつぶす蟻の命ほどにも小さなものであろう。だが不思議にも歴史をつらぬいてひびいてくるのは詩人の歌である。歴史からみればとるに足らぬ個人の命は、だからこそ丁重に尊ばねばならないのだ。芸術家の天職はまさにそこにある。

こんな夢想に夢想をかさねながら、私はジュピター神殿のあとを歩んだり、トリリトンと呼ばれる巨大な土台石に呆れかえったりしていた。それから中央神殿の左手にある比較的原形をよく保っているバッカスの神殿をみた。回廊の円柱に刻まれた葡萄模様や、天井の装飾はこれらをつくった工人たちが繊細ですぐれた芸術家たちだったことを示している。地上に崩れおちた柱頭の部分には美事なライオンの頭部が彫られている。工芸の技術の正確さが貧相な印象を与える場合もあるが、そこでは正確さが優雅とむすびついていた。

そろそろ陽が山の端に落ちかかる頃で写真もとれなくなった私は少々こすからい感じのする案内人につれられて、型通り土産物屋に行った。発掘品とおぼしいものを売っている店の男は日本人もよく来ると云って記帳をみせてくれた。そこで本物であるかどうか分らないが、(勿論商人は泡をとばして贋物ではないと云い張って、ちゃちな証明書までつくったのだったが)欺されるつもりで、三千年前のものだという青銅の猫の小像を買うことにした。緑青がふいていたり砂がこびりついていたり、背に糸を通したらしい輪がついているから模造ではないだろう。いや何としても前脚をきちんと揃えて座っている猫の姿が可愛らしかったのだ。無用な散財をしている私を訝しげに見ている妻に「文鎮にするんだ。」と云ったものの、実は三千年の歴史の沈黙を買ったつもりだったのだ。

長い地下道を通って、駱駝が一頭樹につながれている出口に戻ってきた時、私はその朝の怏々たる気分を忘れていた。美しいものや過去の回想に耽ける機会があると、心は解放を感じて和むのである。

何か柳とおぼしい樹があって、長衣を着た行商人がその根元にくたびれたのか腰を下していた。鄙びたいい風景だった。歴史の有為転変のなかで永遠に生き続けているのは民衆かも知れない、と私は思った。民衆は深い海流のように、表面のあらゆる動揺にもかかわらず、とどまることなくゆっくりと世代世代へと生き続けてゆくのだ。その浅黒い肌をした行商人も子沢山の家族のため、日がな一日を観光客相手に商いをしていたのだろう。そのような生命を讃える人はいない。けれど自然に従い一切の労苦を背負って生きてゆく民衆の命は神の意にかなったものかも知れず、なぜか民衆というものが生活の原型を示しているように思われるのだった。

　村へ戻って私たちはベイルートへ行ってくれるタクシーを捉えた。ベカの平野を走って峠道にさしかかる頃になるとすっかり陽がくれた。こんな時ほどすぎゆく時間と空間を移動することがぴたりと折重なって不思議な気持になることはない。転々と移動することは多分精神の健康に良いのである。なぜなら、そうした旅で人は永遠に明瞭な目的もなく常に零《ゼロ》の新しい時間とつねに相対しているからである。聖パウロはキリスト教に改宗したのち、信仰の要諦をキリストの中に生きることだと云ったが、思うにそこにも通常ならざる、あえていえば、時間なき時間の気圏がひらけていたのではなかったか。私は旅を続けることがそれに似ているように思った。山をこえるとベイルートの光が地上の星座のように輝いて、ふたたび月明りをたたえた海原がみえた。

五、ニースの日々、郷愁について

バールベックからの帰途、暗い山路を疾走する車のなかで永遠に私的で無償の旅をつづけてゆくような一種のエア・ポケットに落ちたような気持に陥っていたのだったが、甘美であり同時に苦くもあるこうした情緒が、フランス滞在中にもふいに魔の風のように心にすべりこんでくることがあった。四冬をかの地ですごす間に、ニースとその周辺の街や村々は第二の故郷とさえ感じられ、パリ滞在から帰ってくるおりなどリヨンをすぎて、南仏の空が透明な輝きを増してくると懐しさがこみ上げ、あたかもフランス人が自分の故郷を「モン・ペイ」と親しげに呼ぶ気持にさえなるのだった。マルセイユをすぎて、名もない小さな駅にも花々が咲き乱れ、人々の言葉に歌うようなアクセントが聞かれるようになると、そこはもう平和な野や山がひろびろとひろがる南仏だった。かつてそんな気持を味わったことのない私は郷愁の感情を抱くことに自分自身で驚いていた。実際、人がある特定の場所に懐しさを感じるためには、そこに樹や石、家並や住人たちが親密な空間をつくっていて、私たちの魂が喜怒哀楽を通してひらかれた経験がなくてはならない。たしかに日本でも痛みを感じる場所はあるが、気持のうえで故郷と呼びうる土地は皆無だった。こうした土地に対する縁の薄さは都会に住むようになってより烈しくなり、いつのまにか郷愁という感情を抱くことすら恥かしく思われたのだった。なぜそんな原始的な帰巣本能をもち歩かねばならないのかという、都会人の地方出身者に対する好悪相半ばする感情をもったこともまれではなかった。

ところが南フランスの自然や人情は、多くの絵かきたちにとって光線の喜びだったように、私にとってさえ一つの解放だった。都会の断片化した生活、思考ではなく反応が要求される世界から遠く、そこで私たちは一本の樹の沈黙した姿に語りかけることができ、その一本の樹が途方もなく大切なものに変身さえしうるのである。私はよくオリーヴの樹をぼんやり、朝だとか月夜だとかに眺めていることがあった。あるいはまた谿流にそった道を歩きながら、四周の山々や谷間の古い村を望見し、生々流転のなかに呼吸している自分の生存を不可思議なものとして感じるのだった。現代生活では生存は工業生産物とかわらない。時間は外からやってきて我々を強制する。生存が世界とのあいだに親和しようとする神秘的な側面は切りすてられてしまうのである。それに反して、水の流れる音、風の音、鳥たちの声を聞いていると世界が突然ひろがって豊かになったように感じられるのだった。そんなとき幾分漢詩のような国木田独歩の詩がなんということもなく想い出されるのだった。

山林に自由存す
われ此句を吟じて血のわくを覚ゆ
嗚呼《ああ》山林に自由存す
いかなればわれ山林をみすてし

あくがれて虚栄の途にのぼりしより
十年《ととせ》の月日塵のうちに過ぎぬ
ふりさけ見れば自由の里は
すでに雲山千里の外にある心地す

眥《まなじり》を決して天外を望めば
をちかたの高峰の雪の朝日影
嗚呼山林に自由存す
われ此句を吟じて血のわくを覚ゆ

なつかしきわが故郷《ふるさと》は何処ぞや
彼処《かしこ》にわれは山林の児なりき
顧みれば千里江山
自由の郷は雲底に没せんとす

ニースやモナコをまるでカジノだけを見学するためのように二日行程で大急ぎで通過してしまう観光客には、ニースの本当の魅力は分らない。たしかに「英国人の散歩道」とよぶ海岸通りと、「天使の湾」と名づけられた地中海は、観光都市ニースの表玄関である。棕櫚を植えた海岸通りの広い歩道には、日曜日ともなれば老いた年金生活者たちや、浜で甲羅干しをする人々で賑っている。謝肉祭の頃ともなれば、陰鬱な長い冬に倦いたドイツ人やスイス人が、車をつらねて渡り鳥のように南下してくるのも、太陽と文字どおり青い海、まことに眺めいる眼さえも青く染めぬいてしまいそうな海原のためだった。町はずれの飛行場からカラベルやボーイングが湾の曲線にそって離着陸するさい、ジェットエンジンのタービンの唸りが轟々と一瞬人を驚かせるとはいえ、街の雰囲気はいささかプチ・ブルジョワ的倦怠さえともなって平和で自足しているようにみえた。ニースはフランスの町でもきわめて特殊な明るさに溢れている。病んだニーチェが静養にきたのもこの町であった。私は海風に白鷗が街の鳩と一緒に舞いみだれているのをカッフェ・テラスで眺めながら、ただ「何もすることなく《ファール・ニエンテ》」うっとりと幸福だった。私には怠惰の血が流れているかのように。

しかしニースに住む人々の真の幸運は瀟洒な街並ではなく、その背後に続く丘々にリュセラム、チュリニ、サン・マルタン・ベジュビ、ムスティエ・サント・マリーなどといった古い村々を気儘に散策できることにある、といっても過言ではないように思われる。実際、これらアルプスの山並が四方に砕けている丘陵地帯ほど、平和で美しい自然に恵まれた所をついぞ知らない。雄大な天と地がうねっている。村々の墓地を囲んで絲杉が高く、それこそ緑の灯明のように燃え上っているかと思えば、丘の斜面にすがりついた化石のような褐色の村々には、古い教会堂の鐘楼がのぞいている。しかもそうした場所に住みついている人々のなかには、もと詩人だった骨董屋の主人がいたり、絵描きがオリーヴの木工細工を売っていたりして、世俗を嫌った気の好い人が多かった。田園を憂鬱に感じるのは自他に克とうとする心のためだろうか。一度虚栄と別れて、小さな諦念の哲学をもった人々は、歴史よりコスモスにちかい田園をよく愛するのではなかろうか。異国の旅行者である私は月日が経過するにつれて、手紙の数もめっきりへって、去る者日々に疎しの状態だったので、思い煩う必要もなく、かえって田園の良き散策者となっていた。日曜日になるとまるで新鮮な感覚世界に渇いたように、村々を訪ね歩くようになっていた。

散策者は林の中、谿流ぞいの路、丘に登る七曲りの坂道など、どこでも気のおもむくままにたどってゆくがよい。午後の太陽が傾きはじめ、澄みはじめた光線が何かを訴えるかのように微妙になる時刻ならばさらに良い。風が吹きすぎるたびに、波の白浜にうち寄せるような、無数の木の葉の音をきくがよい。夏の終り、山々の色あいが高い方からかわってゆく時でも、あるいは鹿皮のように雪が斑に草原をおおう時でも、そこには魂のもっとも深い所に忘れられた古い絃をよびさます何者かが常に潜んでいる。そんな小径に咲く花の可憐な姿などを見ながらゆっくりと散策してゆくと、大抵は人気のない小さな村々に出会うだろう。石の古い匂いが漂っているような村の秋はまた格別で、かさこそとマロニエの大きな枯葉が、ひなびて角が摩滅した噴水のまわりに舞っていたり、犬が新来のよそ者をいかにもいぶかしげに眺めているだろう。そんな所には、ニースの海岸通りで出会うような豪華な乗用車も見られないし、大都会でふと出会う暗い深淵、絶望と自棄との深淵とも無縁であった。ただ古い噴泉の水が誰のためにでもなく清冽に流れて、水面におちた枯葉のあいだにきれぎれの秋空が揺れているのだった。ところがそこにも人間の営みがある。散弾銃を背負った男が、軽快な猟犬をともなって歩く姿や、日暮れ時には、雑貨商やパン屋に村の女たちが集っているのを目にするだろう。そうしてやがて深い静寂が夜とともに訪れてくる。コスモスの沈黙が村を支配してゆくのだ。初めの頃私の感性は、突然自然そのものが訪れてくるようなその沈黙を怖れたものだった。

そうした名も知れぬ日暮時の村で、臆することなくカッフェの扉をあけてゆくと、戸外の静けさとはうってかわって、安息日を楽しむ村人の賑いに出会うことがある。まるでセザンヌの絵そのままをみるかのように、ベレー帽をかぶり、ゴロワーズを喫いながらトランプにうち興ずる人々や、ペルノを飲みながら狩猟の話をする男たちの赫ら顔が一杯だ。その熱い雰囲気は、都会のカッフェに感じられる悄然とした殺風景や、絶望した魂のこすからい悲しみと何と異なることであろうか。白いエプロンをした女主人も愛想のいい微笑を絶やすことなく、カウンターの後で生ビールをついだり、コーヒー殻を叩き出したりしている。それは田園の喜びである。こうした山ふところの村では、たしかに日々変動してゆく政治や歴史から遠く、人々の精神は偏狭であるかもしれないし、夢みる若人にははなはだ退屈であるかもしれないが、心情ははるかに豊かなのである。それは丁度、孤独に住む芸術家の心が、もっとも深い思いを豊かに開花させてゆくのと同様に、自然のはかりがたい沈黙に、かれらの魂は淳朴に醱酵してゆくのである。実際、ある時、こんなふうに古い石の村をひとり散歩していたおり、五、六人の童たちと仲良くなり、別れぎわに友情のしるしだと云いながら掌一杯の栗をくれたことがあった。この無垢な童たちの姿が筆舌につくしがたい感動を異国の旅人に与えたことは云うまでもあるまい。そんな時、ジャン・ジャック・ルッソーが心を千々に乱しながら守りとおそうとしたのは、こうした善良な自然、自他のわけへだてのない直接の宇宙だったに相違ないと思うのであった。私の観察するところ、大勢の人間に接しつつ、なおかつ豊かな表情を保っている人はごくまれである。高位にある人々の冷たさは、人の血を直接みれなくなり、泉へ還る道を失ったためである。たしかに私は高層建築が並ぶ都市の美、人工の幾何学的美に無関心ではない。オレンジ色のフォッグランプが点々と続く高速道路は幻想的でさえある。けれどそこに潜む人間の貧困化と、虚しく受動的になった魂の悲惨に眼をつぶることができない。「人々は生きるためにこの都会へあつまって来るらしい。しかし僕はむしろ、ここではみんなが死んでゆくとしか思えないのだ。」というある詩人の言葉は真実の響きをもっている。だから、知的に劣るところがあるとしても、自然にはぐくまれた生活は、常に文明への批判となり、浄化への期待を与えるのである。

こうした慎しい村の最大の喜びは疑いもなく祭であろう。世界的に有名なニースの謝肉祭に較べれば物の数ではないが、村々の祭はひなびた優雅な趣きをもっていて見る者をたのしませる。大抵は行列があって、村の男たちがブラスバンドを編成し先頭の露払いである。誰もが十八世紀の銅版画でみるような古風な身支度で、そのあとを石畳の路一杯に踊りながら通りすぎてゆく娘たちも遠い日の衣裳をまとっている。桃色の縞模様のブラウスに黒い幅ひろのスカートをはき、髪に白いレースのバンドを結んだ娘たちは生命の花のように優雅だった。古きよきヨーロッパの過去が突然蘇り、飾りつけした並木路が馬車でみたされるような幻想にさえ捉われるのだった。またこうした古き日の想い出は、深い谷間の街リュセラムにも残っている。クリスマスの夜になると、村人たちは贖いの小羊を抱いて岩上の教会へ登ってゆくのである。中東で生まれた愛の宗教が、巨大なローマ帝国の内部を掘りぬいて、ついに中世ヨーロッパを支配するに至った歴史が、そんな山間の街にブレアの聖母像とともに生きているのである。

こうした丘陵地帯を読書生活を癒すように散策している時、私はもはや故国を想うことはなかった。もし土地に対する親密感のみが故郷を決する条件だとすれば、南仏こそ故郷にふさわしい所になっていった。そんなある日、陶器で名高いムスチェ・サント・マリーからの帰路、あたうかぎり平和な高原で、羊の群がからころと鈴の音を鳴らしながら、一人の農夫に追われている光景に出会った。山の端に沈んだ夕陽の残照が、農夫の顔や羊の毛に茜色を刷いたように見せていた。その時、ヴァール河の谷が深く切れこんだそこで、突然、私はエアカーテンをくぐって、コスモスの方へ移り住んでしまったように感じたのだった。そして耳の中で古いフランスの秋の歌が鳴っていた。

野にコルシクの花が咲いている、咲いている
野にコルシクの花、それは夏の終り、
風に舞いあがる秋の枯葉は

渦巻き、単調なロンドを踊って落ちてゆく。

わが心の歌は囁き、また囁く
わが心の歌は幸福を呼んでいる
風に舞いあがる秋の枯葉は
渦巻き、単調なロンドを踊って落ちてゆく。

Colchiques dans les prés fleurissent, fleurissent,
Colchiques dans les prés, C’est la fin de l’été;
La feuille d’automne empartée par le vent,
En ronde monotone tombe en tourbillonnant.

Et Ce chant dans mon coeur murmure, murmure,
Et Ce chant dans mon coeur appelle le bonheur;
La feuille d’automne emportée par le vent

En ronde monotone tombe en tourbillonnant.

それは紛れもなくサイレーンの声であった。ふと名状しがたい畏怖であると同時に、一種の神秘的な放心にもにて、軽いこの身ひとつがふわりとした恍惚につつまれるようにも感じられたのであった。多分私は途方もない幸福を味わっていたのではあるまいか。死の脅かすような観念にも、日本だとかフランスだとかいう国境もなく、その刹那、私は存在に還ったように思われたのだった。もはや言葉は必要ではない、思考する必要すらない、ただ今そこで立ちつくすだけで人生は充分に明晰であるように納得されたのだった。そして、この土地に永住しよう、帰化の申請をしようとさえ考えていたのだった。何の執着もなく、空に飛ぶ鳥、野の百合のように私は高貴だったにちがいない。そののち、この新しく鮮やかな庭のような空間に溶けこむ衝動が実現しなかったのは、やはり俗の心が私に残っていたからであろう。事実、それ以後、二度とそんな至福に捉えられることはなく、ただ秋の歌だけが深く心に刻まれて、時として唇に帰ってくるだけであった。

六、晩餐

いよいよ東京に出発する日は眼前に迫ってきた。

私たちはベイルートに避暑にきている妻の両親と兄とで水いらずの最後の晩餐をともにすることにしていた。『海賊《ピラット》』で食事をすることになったのは、私が云いだしたのか、兄がいいだしたのか定かではないが、その折りレストランの主人とノーティック・クラブで知りあいになったこと、そして彼が名刺をくれて私を誘ったことなどを話したのは事実で、それは好都合ということになった。心の底のどこかに例の男と会っておきたい気持が残っていたのも確かであった。信義を守りたくなる人柄が存在するものである。丁度、どのような素晴らしい外観も人の嘲笑をしかかわない人間がいるように。

昼間、アフリカ系、セム系、インド系など種々の人種が目につくアル・ハムラに出て最後の買物をすませ、それからタクシーを拾ってブルマーナの山に登った。渋滞をさけてタクシーは下町とおぼしい、自転車や子供たちが犇めいている路をクラクションを鳴らしながら走った。ベイルートでは初めてみるアラブ的な風景だった。ほとんどヨーロッパ的な環境にいたベイルートでは、二階から洗濯物が無数の旗となってひるがえっている光景がかえって好奇心をひいた。どのような都市にもその繁栄にあずかり知らぬ貧しい民衆が住んでいるものだ。高層ビルの影に寄生している民衆の、諦観と苦艱と精気が夏の空気中の塵のようにそこにも漂っていた……。やがてタクシーが疲れ切ったエンジンを酷使しつつ、七曲りを登ってゆくにつれ、地中海に突きだしたベイルートの全景が眼下にひろがりはじめるのだった。高見から望むと、ごみごみした下町や都会特有の醜悪な部分も消えて、まさに灰色の石の拡がり、地上のかさぶたのようであり、青い地中海のそばで淫靡に棲息している爬虫類にさえ似ていた。

　山のホテルは林の斜面にあった。こぢんまりしたそんなホテルが沢山あって、アラブ各国、とりわけサウジ・アラビアやクウェートから避暑にくる客を受け入れている。がらんとしたホールに玉突き台が置かれていたが、兄の到着を待ちながら、私たちは所在なく露台でコーヒーを飲んでいた。

　ほどなく妻の兄が口元に微笑を湛えながらやって来た。善良な人柄は瞳に漂う優しい光が証明していた。シリアのアラブ社会主義は兄の人生に厳しい試練を課したのだったが、その逆境にもめげず善良な性格を失っていない兄が頼もしかった。レストラン『海賊《ピラット》』へすぐ夕食にゆくのは少々早すぎたので、兄が樹々の多いブルマーナの路をドライヴしてくれることになった。

　ブルマーナには夏の避暑地らしい軽快でくつろいだ雰囲気があった。フランスの歌手がやってくるという横幕が樹々の間に風をはらんでいたり、色とりどりの日除けをかけたカッフェやレストランが崖に面して並んでいた。また一方には陽気な九月初旬の光が清潔に刈りこんだ芝の庭に弾け、人々が額に汗して働いている時刻に、山上でゆっくり静寂を呼吸するのは虚栄心をくすぐった。兄の車は小一時間もそんな避暑地を進み、ところどころ見晴らしの利く場所では車を降りて翳りはじめた地中海を眺めた。水いらずの平和で親密な時がゆっくりと流れ、年老いた両親はその一刻一刻を深く味わっているように見えた。誰もが明日にせまった別離を意識していたのだ。くり返される「日本ってどんな所だろう。」という問いがその密かな証しでもあった。

夕刻、私たちは予定どおり『海賊《ピラット》』に向っていた。大通りから外れて林の中を降りてゆくと露台風の地形の上に、奇妙としか形容できない白亜の建物が姿をあらわした。みるからにそれは城塞風、内部に秘密を守っているといった趣きの建物であった。車から降りたつと、私はその場所の意外な静けさに驚いたのだったが、やがてボーイが入口から細い廻廊を伝って、西の地中海に面したテラスへ私たちを案内して行った。そうして、パラソルの下のテーブルに着席した頃、電話で私たちの予約を知っていた例の男が背広姿であらわれた。ノーティック・クラブで出会った時にくらべてあたりをつつみ始めた夕闇のためであろうか彼の顔色は窶れを感じさせた。ただ、朴訥ではあるが親しげな微笑は少しも変っていなかった。

「よく御越し下さいました。御連絡がありませんでしたので、御忘れになったかと思っておりました。」

と例の飾らぬ調子で私に握手を求め、両親や兄とも挨拶を交し終えると、しばらくはテーブルの横に座って、メニュの選択を兄と話し合ったりしていた。兄は客人の私のためにアラブ料理の真髄たるメッゼを選んだ。客に礼をつくすのが遠いアラブの伝統だった。そうして話がまとまると男は料理が出揃うまで「私の城を御案内しましょう。」と私たちをテラスから連れだした。

「私の父は実を申しますとベイルートで巨万の富を築いた商人だったのです。詳しくは申しませんが働く以外何も知らないといったタイプの人間で、将来は長兄が跡を継いでくれることを楽しみにしていました。ところがその兄が極めて病弱だったこともあって、父は財産の管理を私に委ねて世を去ったのです。ところが私は父ほど富に執着のない性質で、幸い家族もありませんので、父の富を何かこの世の姿、長く残るものに変えたく思いましてね、御覧のような建物をつくったわけなのですよ。」

階段が幾つもある迷路のような回廊を歩みながら、男は右のような事を自然な調子で語った。ある時には、階段を上ってゆくとやはり地中海に面したガラス張りの部屋に出るかと思うと、またある時は地下へ落ちこんで穴倉のような部屋に出たりした。まるで秘密仕掛けをもった引出しを開いてゆくような子供らしい喜びが私たちを殆んどはしゃがせたのだった。とりわけ一同を驚かせたのは、一種洞窟のような「瞑想の部屋」と彼が呼ぶ書斎の扉を開いた時だった。孤独と闇の香りが固く守護しているような部屋には、大きな書きもの机が置かれ、一方の壁は岩石を掘ったままのように思われた。レストランという人の着飾って集う場所の地階にそうした陰気で真面目くさった部屋があるとり合せが一同を驚かせたのだった。私は本棚にピンダロス、ヘラクレイトス、アナクレオンといった書が無雑作に並んでいるのを見落さなかった。男は一同の驚きを見てもそれに満足をみいだしている様子もなく、「ここで書物を読むのが楽しみでしてね。」と淡々と語った。

はじめ、私はその男に俗物的なペダンティズム、一種のダンディズムを見ようとしていた。人を煙に巻くためにのみ金文字の書物を収集する金持ちがいるものだ。けれど彼の飾りけのなさが悉く私の予想を裏切るので、やはり変り者と思う他はなかった。やがて、どこか土牢の趣きが漂う部屋のかたわらを通ると、そこが今では寝たままだという長兄の部屋であった。つまりその男の家は滅びを待っていることになる。そして、その滅びの予感は饐《す》えた花の匂いのように刺戟的で、私は時々男の横顔や瞳の大きい造作を盗み見ていた。一方、男はプールサイドでの親しい会話の続きのように、まったく唐突に「あなたは無際限といったものを考えてみたことがおありですか。」とか「仏教はむしろ哲学的ですね。」だとか場所にそぐわない問いを放って、私は屢々答えに窮したのだった。最後に、以前ノーティック・クラブのプールサイドから望見した塔のような建物へ私たちをまねくと、螺旋階段を指さした。かなり大きな六角形の塔の三階へ登ってみると、板敷きの部屋には数脚の椅子が置かれ、床まで切られた正面の窓ガラスからは黒々とした林の梢が見下せ、彼方には月光を浴びて、光の花道をつくったような無機的な地中海が見えた。

「こちらに来てごらんなさい。ここからみると海原が鏡のように見えませんか。」

なるほど鏡面と形容してもおかしくはない。地中海は非常に明るかった。そして、男のその言葉には力がふいに籠るように私には聞えたのだった。一同は美しい夜の銀波に讃嘆の声をあげたり、妻の老母などは「あなたは市井の哲学者なのですね。」とすっかりその男の人柄に惚れこんだ様子だった。すると男はひととき少年の微笑ににた表情を浮べた。

「さあ、そろそろテーブルに支度がととのったころでしょう。」

男はそう云って、螺旋階段を先頭に立って降りはじめた。

いつしかテラスに並べられたテーブルには蠟燭がともされ、他の客も各々の席を占めて、私たちが残して行った所だけが人待ち顔だった。すでに大皿小皿が食卓をみたし、一同はこれが羊肉の料理だとか、あれは一種のヨーグルトにつけて食べるのだとか私に説明するのだった。かつてフランスの芸術家たちが東洋に発見したのは「生の喜び」であったことが、眼前の色とりどりの料理を見ると理解されるのだった。パ、シ、ャ、の、よ、う、な、という形容詞が詩人たちの想像力に豪奢と安逸のオリエントという夢をかきたてたのは、産業化してゆくフランス十九世紀だった。そして今、そのフランスに「生きる喜び」を発見しているのはアメリカ人と日本人であるというのも皮肉ではないか。ゆっくりと時間が流れ、そこにより多くの思いや情緒がふくまれている場所を夢見るのは忙しい民族である……。最後の晩餐にアラック酒の酔いは快く身体を巡った。古代キリスト教徒たちが会食を儀式として重んじたのがよく分るように思った。喜びを共有する、同じ経験を時のなかでもつことで人々の魂に同胞愛の基礎を与えるのである。私たちは砂漠の幸をつつきながら、そのような機会にありがちな、あらゆる事に話が及んだのだった。

　パラソルの間から見える夜空には、大きな月が徐々に小さくなりつつ宙天に昇っていった。シリア・レバノンの旅でかつてないほどその澄んだ宙天とつきあってきたように思った。宙天は歴史の暴虐に脅える私たちのすぐ側にまで巨大な隣人として歩みより、時として地上の宴のかたわらに悲しみの影として、またある時は悲嘆の横に喜びの影としてたたずんでいるようだ。澄んだ月夜の凄絶な美しさは私たちを拒絶するある超越的な絵であった。そうして星々の公転《レボリューシヨン》は新たなるもの、自由なるものへの生命の要請そのもののように、宙天のカンヴァスに時を刻みこんでゆくのだった。人の魂はそんな世界にむかって、「時よ、とどまれ！」と命ずることもあれば、「時よ、早く立ち去ってゆけ！」とも願うものではあるまいか。夜空をみあげながら旅が終りに近づいた一抹の寂しさを私は感じていた。巨大な自由の神酒を味わったものが、現実の拘束を厭うように、魂はふたたび試練の時をみつめていたのだった。

山の外気はぐんぐん冷えこんでいった。一同はアラックの酔いに頬を紅潮させ、老父は古いアラブ民謡の一節を口ずさんでいた。娘が遠い国へ行ってしまう悲しみが、老いた父親の胸におりたたまれているのを私は知っていた。子供たちの幸福のために、自らの気持を犠牲にする親たちの悲哀は、ふと人間生活に顔をのぞかせた自然界の厳しい掟のようで、古謡を口ずさむ老父を正視するにしのびなかった。そんな時であった、例の男がふたたび私たちのテーブルに訪れ、理想家肌の老母と愉快そうに話したのち、私に声をかけて席を立った。

「料理は気に入られましたか。」

と彼は職業的な如才なさで問うた。それから庭の樹々のある闇を仄かに照らして、葉巻に火を点した。

「あなたがいらして下さって私は本当に嬉しいのですよ。例のプールサイドであなたに御会いした時から、何か話したい気持になりましてね。いまだお若いあなたが異国の旅行者だというためもあるでしょう。その上、理解しあえる魂は匂いで分るものではありませんか。あなたが詩だの音楽だのを好まれることはもう分っています。ちょうど役人ののっぺら棒の顔に退屈な事務所が映っているようにね。」

快いアラックの酔いを感じながら、私は彼の厚い胸板から淡々と流れる低い声を聞いていた。ほとんど冷涼となった夜気の中を、私たちはゆっくりと先程の塔の方へ向っていた。私はふとフランスで知り合った孤独な男、パリを捨て、海原に面した森に、日本の古い言葉で云えば草庵を結んだ男のことを想い出していた。孤独を高貴とする私の固定観念は、奇人と話す機会を現実に与えるから奇妙である。多分、このレストランの主人もそうした人間の種属に入るのであろうか。軽い酔いが私の心を親和的にしていた。

「失礼ですが、さきほどの御話では御一人のようですが……。」

「ええ、もう健康な躰になる見込みのない兄が唯一の身内です。」

「これからも?」

「多分そうでしょう……。多分ね。実を申しますと、私はある女性と永遠の愛を誓ったのです。その一度たてた誓いを破ることは絶対できません。誓いは神聖なものです。大袈裟に思われるかも知れませんが、その誓いを破ることは私の魂の大黒柱を崩してしまうことなのですよ。当世風の人々のように、浮薄に誓って、浮薄に誓いを踏みにじることは私にはできない相談なのですよ。御笑いになるかも知れませんが……。」

「なるほど良く分りました。けれどシニックな言い方を許していただければ、愛の誓いほど脆いものが他にありましょうか。流れる水と握手するようなものではありませんか。」

「実に旨い事を仰る。確かにあなたの方が正しいでしょうね。しかし、私はファナティックなのですよ。御分りですか、一度口にした誓いは絶対の権威を帯びているはずです。一切の流転する現象の上に超然と輝く北極星の光のようなものです。少くとも男性の観念癖においてはね。」

「けれど、その誓われた当の相手の御婦人は……。」

「彼女はもう死んでしまったも同然です。この三十年来会ってもおりません。噂にも何のたよりも聞きません。」

その言葉を云ったとき真剣な彼の面持ちは深く悲哀をかくしているように見えたのだった。私はその恋路に迷ったらしく見える男を出来損いのように一瞬思った。慰める言葉も必要でないと思ったので、男の横を歩いているだけだった。ただ三十年も時の流れに抗って、誓いを守ってきたその男の不思議な意志が、私には少々無気味にさえ感じられたのも確かだった。私たちは庭から塔の中に入り、ふたたび螺旋階段を登って、三階の月明りだけに照らされた部屋についた。二人は各々重く硬い肱掛椅子に腰を下すと、たちまち沈黙がワッと取り囲むようだった。そうして、ほぼ次のような打ち明け話を聞くことになったのだった。

「……もう随分前のことです。第一次大戦が終って幾分虚脱したようなパリで、私ははじめて、一種の虚栄心から一人の女性に近づいたのです。今でも鮮やかに覚えていますが、マロニエの葉が芽ぶきかけ、リュクサンブール公園に面した、かなり贅沢なアパートで古い本を読むのが苦痛になりはじめた季節だったのです。そこはかとなく春の誘惑といったものが白いレースのカーテンを通した陽光にもうかがわれ、落着きの欠けた日でした。私は親友（彼はフランス人で仮りにフランソワとしておきますが）と物見遊山といった気分でフォンテーヌブローまでわざわざ出掛けて行ったのです。そうしてそこの木陰に店を出したカッフェで同じように散策に来ていた娘たちと知りあったのですが、とりわけ栗色の髪をしたオーストリア生まれだと名のるアンジェリカという娘になぜか心が動いたのですよ。彼女のコバルト色の瞳や、色白の肌に一種象徴的な意味、運命的な出会いを予感するほど、私の想像力は刺戟されたのです。聞く所では、ウィーンの旧家に属する彼女はパリに移住した叔父の家から美術学校に通っているとのことでした。御存知のようにウィーンにはすでに東方の薫りが漂っておりますが、私がアンジェリカの容貌に感じとっていたのは一種の郷愁かも知れません。

それは明瞭な対象を持った最初の恋心でした。そののち、私たちはセーヌ河岸をあてもなく散策したり、学校の帰途に待合せたり、全ての恋人たちが繰り返す儀式に夢中になってゆきました。人種のことなる娘と恋に落ちる危惧がないわけではありませんでしたが、『怖れない』という自負心を満足させるためにのみ、若者は深入りしてゆくものです。リュクサンブール公園の樹々が通りを距ててみえる露台で、夕闇が濃くなるのもかまわず私たちは接吻をくりかえしたものです。おたがいの眸を無邪気さと愛の渇きをもって眺めあう罪深い甘美な時が私たちを捉えてしまったわけです。当時フランスに溢れていた復員した青年たちの無力感や自棄的な快楽への逃避が嘘のようにみえたものです。そうして私たちはいつしか『永遠の誓い』を心に呟くようになったわけです。まるで時の経過に脅える心があえて時をこえた所に恋情を祭り上げてしまうかのように。

要するに若い恋する男は一種の感傷的な理想家なものです。アンジェリカを中心に毎夜、夢という夢の破片をかきあつめて、蜃気楼を立て、愛の理想を実現したかったのです。どのように突飛な空想がそこに葡萄酒の中の光のように揺らめいていたことか、我ながら微笑ましく思うほどです。けれど私の恋情が奇妙な嫉妬深い性質をおびているのに、アンジェリカは気づき始めていました。私はその恋情を強引にも分厚い鉄で囲まれた孤独に引きずりこんでしまいたかったのです。つまり二十世紀のパリや、アンジェリカの生活とか私の国だとかを忘れて、アダムとイヴという原初の赤裸な世界へ帰りたかったわけで、アンジェリカの雪花石膏《アラバスター》ににた額の背後に、叔父の思わくだとか、はては流行の洋服の選択といったものへの気づかいがあるのを、一種の失望をもって眺めていたのでした。日々の生活に対する説明しがたい攻撃的な侮蔑といったものが黒い泉のように私の心に巣喰っていました。

とは云え、およそ一年の間、恋情がめくってみせる新しい頁《ページ》に描かれた心のたかぶりや慰めに余裕を失っていった私は、いつの間にかアンジェリカが魂の地平を蔽っているのに気付かなかったのです。苦い嫉妬の感情をさえも私は知ったりもしました。

そうしてめぐってきた春、陰鬱なパリの冬が一歩一歩遠ざかってゆく期待にみちた季節、アンジェリカが口実をつくって会う機会をさけるようになった時、私はすっかり無防備になっていました。少し奇妙だと気づいて、強引に黒く煤けたノートルダムの前のカッフェに来てもらったのですが、アンジェリカは白い額を大理石のように冷たくして、ほとんど厳かに別離を宣告したのです。その時の私の動転ぶりは御想像におまかせしますが、ともかく闇路で突然短剣をうけたようなものでした。私が少しも彼女を理解しなかったこと、そしてどうやら親友だったフランソワと仲が進んだとかで、一切の自尊心を放棄した私の哀願にも石の沈黙が答えるだけでした。一瞬のうちに世界にひびが走って、空の中央から鮮血が迸りでるのを私は見ました。街路樹やセーヌの流れ、寺院などが蒼白となって、世界の底の方へ沈んでゆくのを見たのです。最初の反応は激怒どころか、虚脱にひとしく無限の彼方に遠ざかったアンジェリカを残して、サン・ミッシェルの坂道を熱に浮されて登りきって、アパルトマンの部屋に鍵をかけ、泣きました。アラブの人間は情に脆いのですよ。

自責の念、激怒、感傷といった一切の苦海にどれだけ漂ったのか、そして、その中にさえ演技している自己に対する嫌悪に捉えられたか、云ってみれば御恥かしい月日をすごしました。さらに私を屈辱感の泥のなかにまみれさせたのは、月並な失恋という出来事に月並に溺れかけていることでした。一種の倨傲が今は自分自身を嘲笑っていました。実際、いかにも愚鈍な表情をした兵士がそばかすだらけの娘と腕組みあって、幸福そうに散歩している姿をみた時など、なぜか屈辱感を覚えるほど恋する自分を揶揄する所があったのですから……。アンジェリカは女らしい直観でこんな私の性格を見抜いて、復讐を企てたのかも知れません。

そうして、私が感情の煉獄ともいうべきもののなかで決心したことも痴人の結論でした。アンジェリカはその細い手で永遠の誓いを破りすててしまいましたが、青臭い月並な恋を救うためにその永遠の誓いを私だけで守りとおそうと決心したのですよ。誓いが単にのぼせあがった感情から生まれたものではなく、一個の不退転の意志だったことを自らに証明するためです。傲慢と思われるでしょう、けれどそれが私の恋の形式だったのですよ。」

男はやや前かがみ、両手を組み合せた姿勢で、聞く者の心に杭をうちこんでゆくような冷静さを保ちながら低い声で語った。

七、鏡と別れ

その時、塔の下方から扉をノックする音が響いた。夢想のなかで凍っていた時がふたたび流れはじめたかのようだった。男は螺旋階段を降りて行き、しばらくすると真鍮の盆の上にコーヒーを持って登ってきた。月光で充分に明るい部屋の中央に、肱掛椅子をはこびその上に盆を置き、「どうぞ。」と勧めながら、男は葉巻の口を切って火を点した。柔いかおりが部屋をみたして行った。

「もうわかっていただけたことでしょう。夜毎、この部屋に登ってきては、地中海を銀の鏡にして、彼女の別離をつげた時の異様に美しかった面影を死の国から呼びもどしているのですよ。月光を万に砕いて煌めくようなこの古代の鏡を覗いていますとね、アンジェリカのコバルトの眸、夕映えや嵐をたたえる空の色の眸や、仄かな赤味を差した頬がすっと浮んでくるのですよ。かつてアンジェリカの向うにウィーンの大陸的な空をみていたのに、今では彼女の面影が失われた故郷のようで、私は流亡者のようにふと涙ぐむ数瞬もありました。『なぜこうなったのか』と問うとふたたび鋭利な刃物が胸をさします。昔、ある宗教説話のなかで花を愛ですぎたため、来世で蝶になってしまった僧侶の話を読みましたが、私にもその心が分るのですよ。

彼女と別れて数ヶ月後、パリを去ってイタリアのブレンジシからギリシャを経由してベイルートに帰ってきてしまいましたので、その後、アンジェリカがどうなったのか全く知りません。けれど夜毎、その鏡の国では会うことができました。この白い建物も、そうした心の記念物なのですよ。

ところが、一体どうしたわけか、かつては神殿の浮彫りのようにはっきりしていたその面影が次第に形を崩し、腐りかけた花のように萎えて精彩をとりもどすことがないのです。どうやら一切を呑みこむ時がひどく私を疲れさせているように思います。面影、永遠に若い筈の面影でさえ年をとるというのでしょうか。そうしてこの世界の上には別離の宿命が刻印されていると見えるのです。あなたとさえも今夜が最後の夜ですね。別離の痛みだけが夏の夜に充溢しているのです。多分お若いあなたには無縁のことかも知れませんが。」

そう語り終えると男は一瞬寂しげに地中海をみているようだった。月はもう大分高くなっていた。二人はコーヒーを飲みほすと、「こんな話で御邪魔しました。」という男の言葉を合図に立ち上った。「日本までご無事で。」とつけくわえる男に私は深く熱い心を感じ、こちらの方が感動しかけていた。螺旋階段をおり、夜気に湿った庭の芝を踏んで露台までもどってゆくと、

「お二人とも充分に議論されたようね。」

と老母が大きな肩掛け《ショール》をはねあげて云った。

「ベイルートの名残りにもう一度、美事な月を塔から眺めていたのですよ。」

そんな言葉が軽々と口から滑りでたのも、男の告白を私自身の秘密として心の底に重く沈めたからだろう。実際ふたたび一同の賑やかなテーブルについてみると、人生の不可思議が一瞬、水をとおしてみる朽葉のようにその葉脈まで明瞭にみすかされるようだった。人の魂が毎秒毎秒この地上に縛りつけている重力に倦いて、ある者はアラック酒の快い酔いに、ある者は恋の面影に、またある者は夢想や黄金のなかに喜びの路を尋ねているようにみえた。求め憧れる対象は千差万別としても、すべては喜びと呼ぶ解放へ収斂しているのだ。その神秘的な感情は、死にたえていた星がふいに輝きはじめるような、今ひとつの生命の瑞々しいはじまりではないのか。そして、もしかするとそれは、恩寵とよんでさえもさしつかえないのではなかろうか。

とすれば私は人々の魂の個室をひとつひとつ開いてゆく鍵をもったように思った。そのような解放への時を願うことによってこそ、人は迷うのであろう。そしてもし闇路をたどる者を見るとすれば神は哀れを感じるであろうか。私はふと東京での生活を想って、一体真の生命とはどんな形をとりうるものだろうか、あの虚しさと日々の死が猖獗しているところで、と考えた。

月が宙天におよぶ頃、私たちは『海賊《ピラット》』を出た。蒼い月光を浴びている愛の叫びのような白亜の建物を出るとき、男は別れの挨拶をし、「またベイルートにこられることがあったら是非奥様といらして下さい。」と云いながら、強い握手をした。眼前から去ってゆくものはたちまち別離という扉の向うに消えて、ただ記憶にとどまるのみであった。

別れの日、姪の夫がメルセデスを駆って町のホテルまで迎えに来てくれた。両親もわざわざ山から降りて最後の瞬間まで娘とともにすごすつもりだった。午後、私たちは空港への幅ひろいハイウエイに滑りだした。パレスチナの難民キャンプがその附近にあるはずだった。最終的に中東を完全に離脱しないかぎり、何が起るか安心できないものの、私たちのフライトが中立的なフランス航空ということもあってまずは大丈夫だろうと考えていた。とは云え、国境を越えるたびに味わう不気味さは最後の最後まで残っていた。出発の時までティールームにいた私たちに姪の夫は少年が売りにきた花を買って与えた。やがて搭乗をうながすアナウンスで立ち上った時、ふたたび両親の眼に光るものをみた。別れゆく痛みは懸命に手をふる老夫婦の姿が視界から消えるまで続いた。

……タービンの回転は急速に高く、轟々たる音は全ての想いをかき消した。フラップが下り、機体は信天翁《あほうどり》のようにゆれながら誘導路へと進み、見送る者のいる空港ビルはまたたくまに小さくなった。私は「この地に平和のあらんことを。」と呟いた。

詩篇『ビントウ・アル・シャラビヤ』

ビントウ・アル・シャラビヤ

『美しい少女』と題するシリア古謡に惹かれて。

下手投げの木枯しに
夢の頁《ページ》が薄闇に翻る
尾羽打枯した日本酒匂う夕映え
交尾する蛇さながらに
静かに渦巻く都会の冬、
もはや羊飼いの星は輝かず、
悔恨の風情に凍る下弦の月。
時に、耳を抉る古笛と歌声

『ビントウ・アル・シャラビヤ』
驢馬の背に花嫁のように
白い盛夏をのせるアラブの曠野に
きらめく黒髪を左右に飛ばし
波にのる野の花に捧げられた歌
『ビントウ・アル・シャラビヤ』
優情に熔ける心の鬼界ヶ島。

炎暑の中の早春賦、
アレッポの夜風よりなお清楚に
八世紀の微笑を桃顔にたたえて
乙女は、鄙の乙女は
泉水の喋る内庭に吹いてきたことか。
純潔なトルコ石の空にもにた

金輪際より深い君の青灰の瞳に、
夜の媚、天の河も色褪せよう。
なよ竹の楽を奏でる歩みに、
魂の渇きは潤い、喜びの風が還ってくる
君を通して、君の香りを通して、
自然の最も遠い恵みの野辺に
奇蹟の百合が咲くのも見える
ビントウ・アル・シャラビヤ！
かつて繊細な平和が村々を愛して
太陽も矢車となって滑走した夏、
ああ、踏まれるなかれ、野蛮の季節に、
君自身の円やかな生命を！

悩む薄日にかげる影法師の巷、
時に、耳を抉る古笛と歌声は

『ビントウ・アル・シャラビヤ』
二重《ふたえ》、三重《みえ》、木霊する夕べの冬に
今に知る望郷の高鳴り。

あとがき

第四次中東戦争、いわゆる「キプールの戦い」が勃発するちょうど一ヶ月前、一九七三年夏フランスからの帰途、私はシリア、レバノンを旅行する機会をもった。はじめて接する非ヨーロッパ的文明は私に強い印象とある反省のきっかけを与えた。帰国したのち、旅の備忘録、心の記録として綴ったのが本書の中心をなす内容であり、アラブ的霊感と名づけたいものをも集め、風変りな紀行を構成しようと試みたのだった。

こうした個人的な文章を出版することについては羞恥の念もなかったわけではないが、やはり一本にまとめておきたい何物かが心に働いた。不思議なことに、旅行以前に夢として書き、序にかえる形で収録した『「獅子の首」の野の花』を再読してみると、今回の旅がくるべくしてきたもののようにさえ思われるのである。つまりは、旅の記録ではあるが、一人の私人が夢の山野を彷徨ったと云った方が適当かもしれない。

序にかえる『「獅子の首」の野の花』は同人誌「アニマル・ピペス」（吉田武史、加藤武揚主宰）に、シリア紀行の部分は「三田文学」に、最後の詩篇は詩誌「天文台」に掲載された。『ベイルート夜話』は未発表であることをつけ加えておく。そうして、このような貴重な経験をうるきっかけをつくってくれた妻レイラにこの書を捧げたいと思う。

さらに刊行の仲介をして下さった飯島耕一氏と装幀に多くの助言を下さった安藤元雄氏、遅筆な私を辛抱づよく待って下さった国書刊行会編集部の皆様にふかく感謝申し上げる。

昭和五十年夏

著者記す。

井上輝夫（いのうえ てるお）

一九四〇年一月一日、兵庫県西宮市夙川生まれ。

一九六三年、慶應義塾大学文学部仏文科卒業。

同大学院を経て、一九六九年、ニース大学仏政府給費留学生、博士号取得。

慶應義塾大学在学中、岡田隆彦、吉増剛造らと、詩誌「ドラムカン」発行（一九六二年から一九六九年まで）。

慶應義塾大学経済学部教授を経て、慶應義塾大学湘南藤沢キャンパス（ＳＦＣ）の新設に参画。

一九九〇年、同キャンパス総合政策学部教授。

一九九九年、慶應義塾大学ニューヨーク学院学院長。

慶應義塾大学を退職後、二〇〇三年、中部大学人文学部教授。

二〇一五年八月二十五日、死去。

慶應義塾大学名誉教授、中部大学名誉教授。


〈詩集〉

『旅の薔薇窓』（一九七五年、書肆山田）

『夢と抒情と』(一九七九年、思潮社)
『秋に捧げる十五の盃』(一九八〇年、書肆山田)
『冬　ふみわけて』(二〇〇五年、ミッドナイト・プレス)
『青い水の哀歌』(二〇一五年、ミッドナイト・プレス)

〈著書〉
『聖《サン》シメオンの木菟　—シリア・レバノン紀行—』(一九七七年、国書刊行会)
『ボードレールにおける陶酔の詩学』(一九七七年、フランス図書)
『ユトリロと古きよきパリ』(一九八五年、新潮社、共著)
『詩想の泉をもとめて』(二〇一一年、慶應義塾大学出版会、第十二回日本詩人クラブ詩界賞)
『詩心をつなぐ』(二〇一六年、慶應義塾大学出版会)

〈訳書、論考ほか〉
マルセル・A・リュフ『流謫者ボードレール：生涯と作品』(一九七七年、青銅社)
『ジャン・コクトー全集　第2巻』「鎮魂歌」(一九八一年、東京創元社)

『フランス幻想文学傑作選2』シャルル・ボードレール「二重の部屋・鷹揚な賭博者」（一九八三年、白水社）
『フランス幻想文学傑作選3』マルセル・シュウォップ「顔を隠した男・ミイラ造りの女たち」（一九八三年、白水社）
『詞華集』フランス世紀末文学叢書（一九八五年、国書刊行会、共訳）
『定本西脇順三郎全集　別巻』「西脇順三郎とボードレール」（一九九四年、筑摩書房）
『ボードレール　詩の冥府』「『屑拾い』の栄光」（一九九八年、筑摩書房、多田道太郎編）
イグナシオ・ラモネ『21世紀の戦争　「世界化」の憂鬱な顔』（二〇〇四年、以文社）
『ボードレールと私』西脇順三郎　解説（二〇〇五年、講談社文芸文庫）
『西脇順三郎コレクション　第1巻（詩集1）』解説（二〇〇七年、慶應義塾大学出版会）
ヴィリエ・ド・リラダン『最後の宴の客』（二〇一二年、国書刊行会）
『千夜一夜物語　ガラン版』（二〇一三年、国書刊行会）など

本書は、『聖《サン》シメオンの木菟《みみずく》』（一九七七年、国書刊行会）を底本とする。
なお、底本にある表現には、今日からみれば不適切と思われるものがあるが、
時代背景、作品価値、および著者が故人であることなどを考慮して、そのままとした。

ミッドナイト・プレス

聖《サン》シメオンの木菟《みみずく》

シリア・レバノン紀行
〈新版〉

二〇一八年一月二十五日発行

著者 井上輝夫
装丁 安藤元雄
発行者 岡田幸文
発行所 ミッドナイト・プレス
埼玉県和光市白子三-一九-七-七〇〇二
電話 〇四八(四六六)三七七九
振替 〇〇一八〇-七-二五五八三四
http://www.midnightpress.co.jp

印刷・製本 モリモト印刷

ISBN978-4-907901-11-0

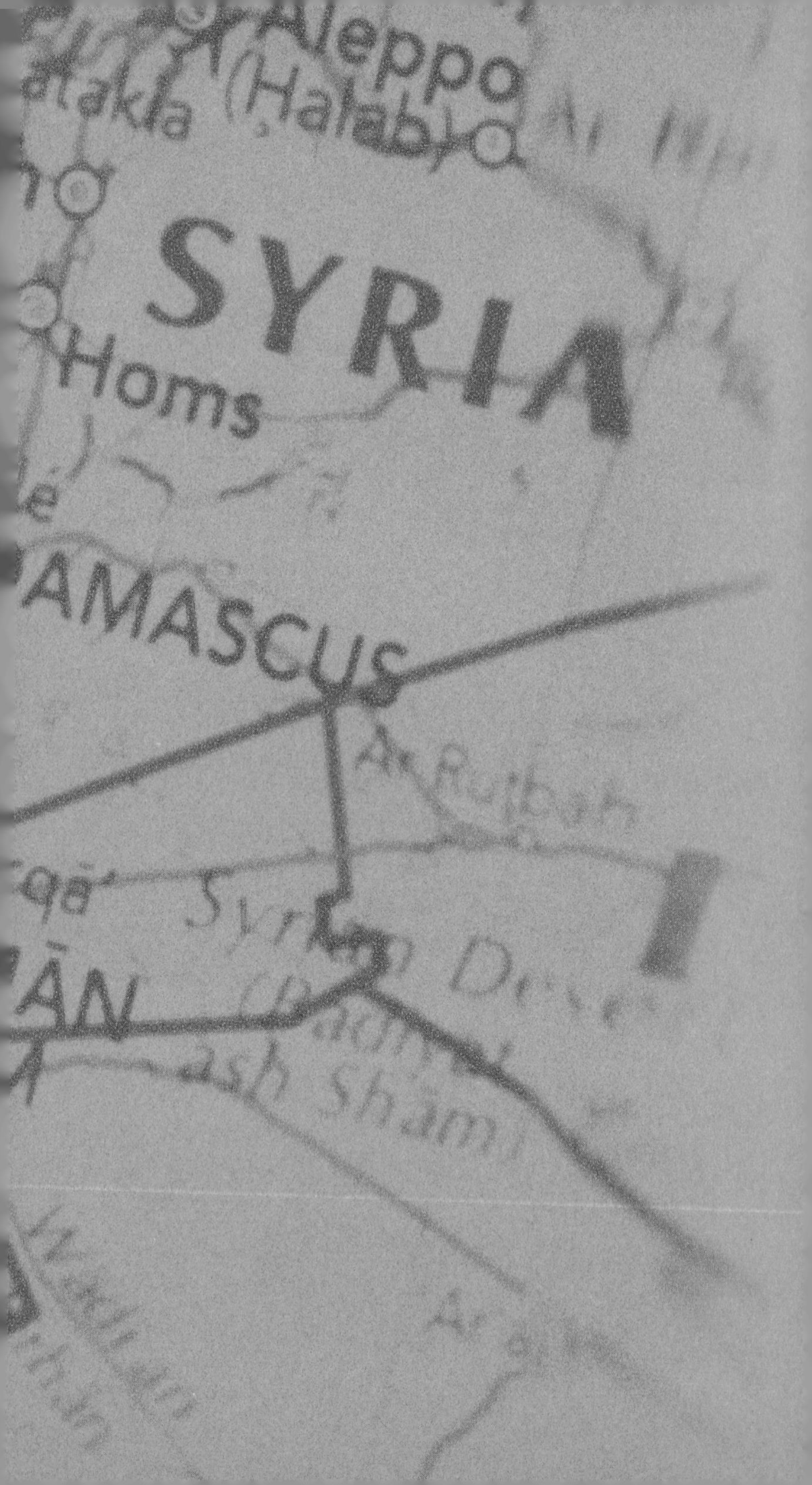
Aleppo
(Halab)
SYRIA
Homs